photos● 平井幸二

ハワイの自然は美しい海とビーチだけではない。ジャングルのような森、雪が降ることもある高山、砂漠のような乾燥地帯、真っ赤な溶岩を噴出する火山、そして、深い渓谷。

アメリカの小説家マーク・トウェインは、カウアイ島にあるワイメア渓谷を「南太平洋のグランド・キャニオン」と呼んだ。美しいビーチからジャングルのような森まで、この小さな島は驚くほど多様な顔を持っている。

ハワイの歴史と文化

◆

NATURE
CULTURE
HISTORY

Hawai'i

▲▶ フラは詩の内容を身体の動きで表現する。女性のものと考えられがちだが、男性（カーネ）や子供（ケイキ）も演じる。

▲タロは元々ネイティヴ・ハワイアンの主食で、今も各地に農園がある（ハナレイ）。▶19世紀に輸出向けのサトウキビ栽培が始まると、日本をはじめ世界各地から労働者がやって来た。J・D・ストロング『明治拾八年に於ける布哇砂糖耕地の状景』（1885）台糖株式会社蔵。

Hawai'i

◀子供たちはフラを学ぶことで、ハワイ文化の伝統を受けついでいく。

▶今日のハワイでは、フラをはじめとするネイティヴ・ハワイアンの伝統を大切にしようとする意識も高まっている。ハワイアンの祈りの場であったヘイアウの跡地には供え物が絶えることがない。オアフ島のプウ・オ・マフカ・ヘイアウはカメハメハ王が祈りを捧げた場としても知られる。［写真・著者］

青い海、緑の山、オレンジに輝く夕日。カラフルなハワイには2000種を超える草花がある。19世紀に持ち込まれたプルメリアは、今日レイに使われる代表的な花だ。

中公新書 1644

矢口祐人著

ハワイの歴史と文化

悲劇と誇りのモザイクの中で

中央公論新社刊

ハワイの歴史と文化❖目次

第Ⅳ章 これからのハワイ

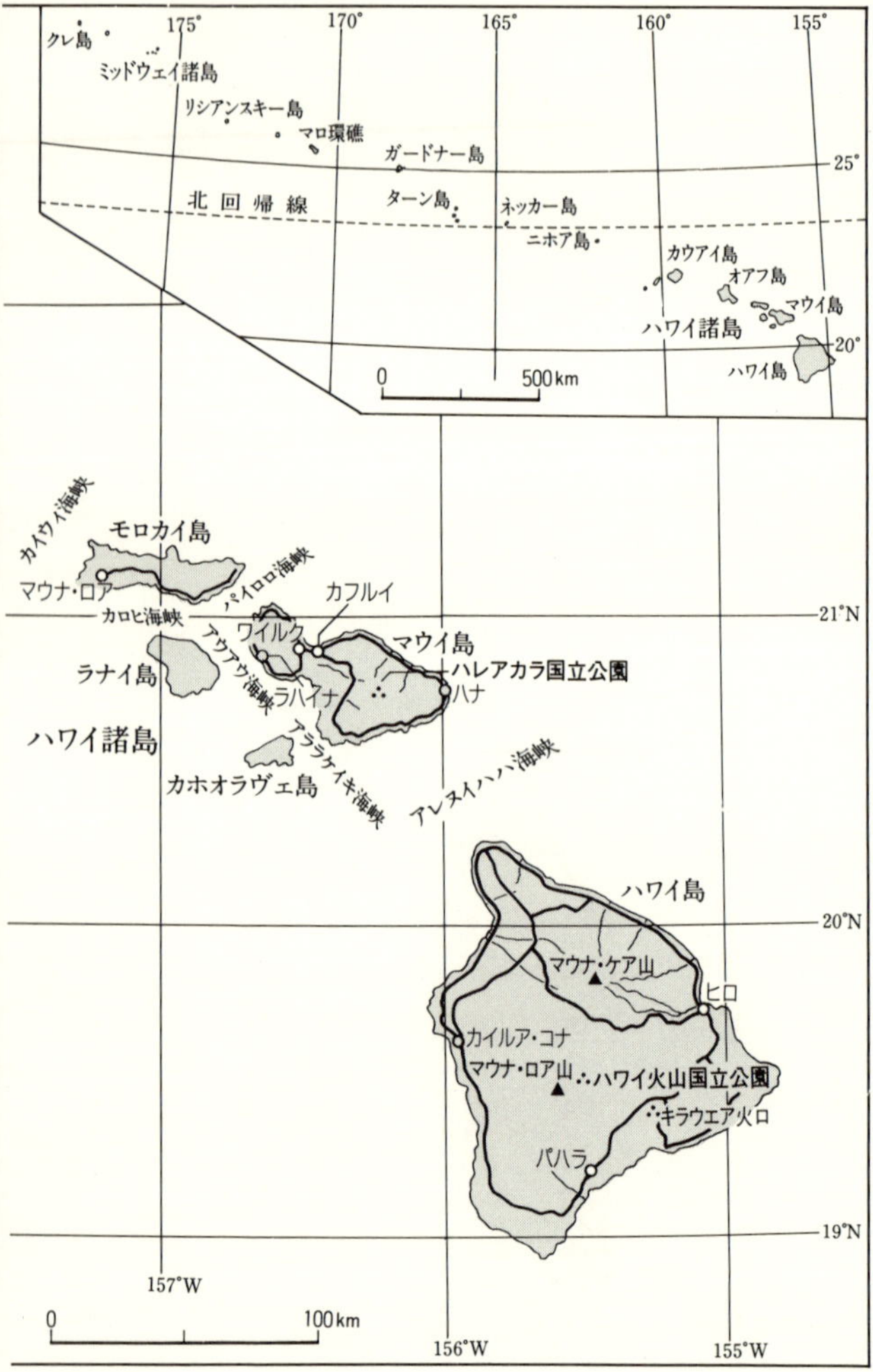

175°
170°
165°
160°
155°
クレ島
ミッドウェイ諸島
リシアンスキー島
マロ環礁
ガードナー島
25°
北回帰線
ターン島
ネッカー島
ニホア島
カウアイ島
オアフ島
マウイ島
ハワイ諸島
20°
ハワイ島
0
500km
カイウィ海峡
モロカイ島
パイロロ海峡
マウナ・ロア
カフルイ
カロヒ海峡
21°N
ワイルク
アウアウ海峡
マウイ島
ラナイ島
ハレアカラ国立公園
ラハイナ
ハナ
ハワイ諸島
アララケイキ海峡
アレヌイハハ海峡
カホオラヴェ島
ハワイ島
20°N
マウナ・ケア山
ヒロ
カイルア・コナ
マウナ・ロア山
ハワイ火山国立公園
キラウエア火口
パハラ
19°N
157°W
0
100km
156°W
155°W

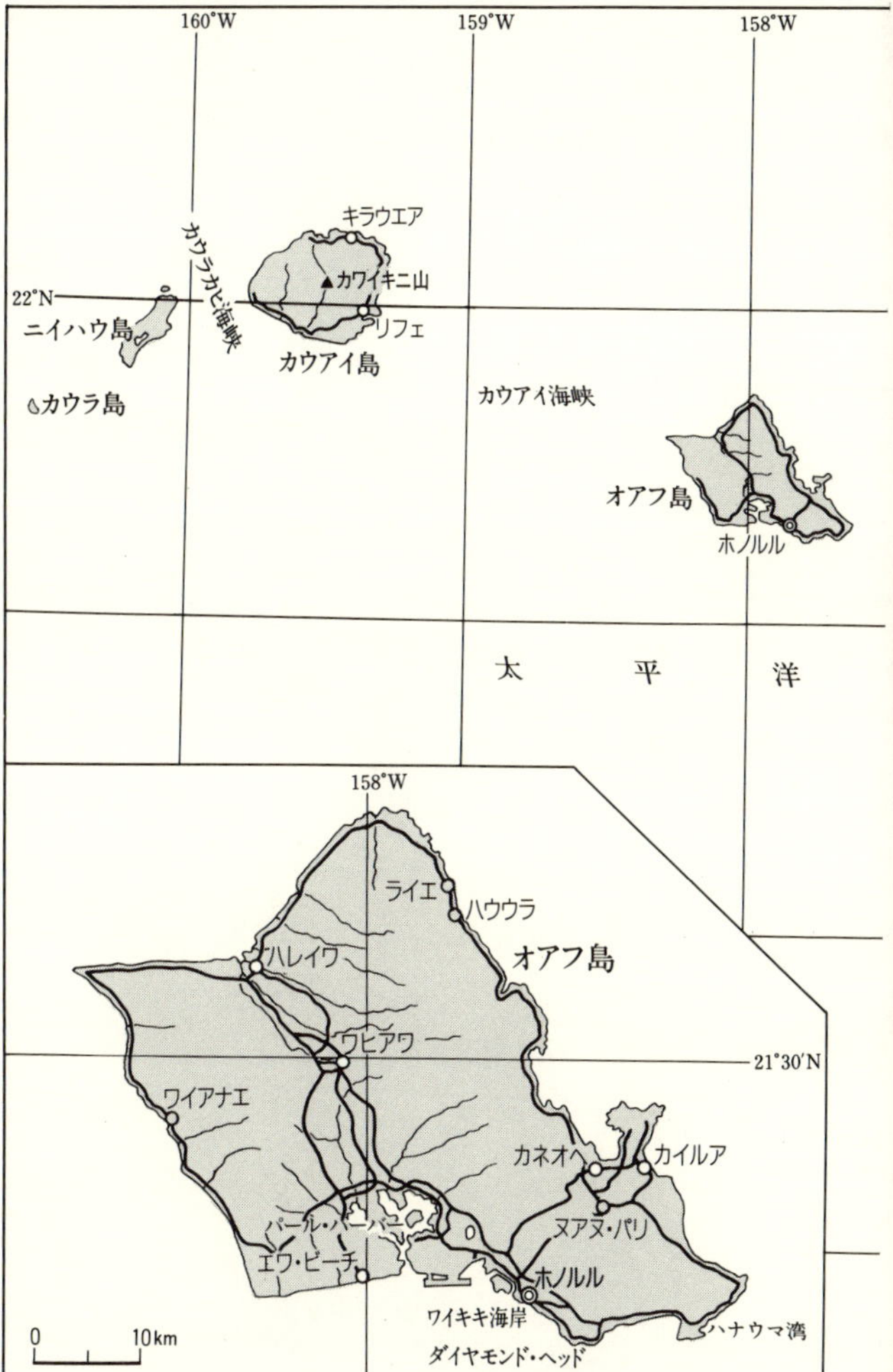
160°W
159°W
158°W
22°N
キラウエア
カワイキニ山
リフェ
ニイハウ島
カウラカヒ海峡
カウアイ島
カウラ島
カウアイ海峡
オアフ島
ホノルル
太　平　洋
158°W
ライエ
ハウウラ
オアフ島
ハレイワ
ワヒアワ
21°30′N
ワイアナエ
カネオヘ
カイルア
ヌアヌ・パリ
パール・ハーバー
エワ・ビーチ
ホノルル
ワイキキ海岸
ハナウマ湾
ダイヤモンド・ヘッド
0
10km

ハワイの歴史と文化

プロローグ

中学生ハワイ密航事件

一九六四年四月十九日、十四歳の日本の少年が、大胆な計画を企てた。

この少年にはもともと三つの夢があった。自転車を手に入れること、ステレオを買うこと、そしてハワイを訪れることだった[1]。自転車とステレオは新聞配達で貯めた小遣いでなんとか買うことができた。しかし、ハワイへ行くのは新聞配達のアルバイトでは不可能だった。日本人の海外旅行が自由化されたばかりの時期で、たいていの人にとってハワイは夢のまた夢だった。

彼は密航を決意した。十九日の朝、同年代の仲間ふたりを連れ、東京都内の実家から横浜港へ向かった。一緒に船に忍びこむつもりだったが、直前になって、ほかのふたりはおじけづいてしまった。しかし、この少年は「おれはぜひとも行く」といって、ホノルルへ向かう「プレジデント・ウィルソン」号にしのび込んだ。そして、船内にある貯水槽の陰に隠れて、見つからないようじっと息をひそめていた。まもなく船は出港した。

少年が発見されたとき、ウィルソン号は既に日本の領海の外に出ており、彼はもくろみどおり、ホノルルまで連れて行かれることになった。

ホノルルにはたどり着いたものの、現地に長期間滞在することはできなかった。船がホノルルの港に到着すると、彼はすぐに不法入国者としてアメリカの入国管理局に身柄を拘束されたのである。いくら少年の夢とはいえ、パスポートもビザも金もない未成年者の入国を認めるわけにはいかない。

ハワイの住民のなかには、少年に同情し、せめてハワイ見物でもさせてやっては、という声もあった。しかし移民局は、あまり楽しい思いをさせると、密航を奨励することにもなりかねないと危惧し、拘置所からまっすぐ日本へ強制送還することを決めた。

少年は送り帰されることを知ると、すっかりしょげてしまい、地元紙の記者にインタビューされたときも終始無言だった。結局、日本を離れてから一〇日後の四月二十九日、パン・アメリカン航空機で羽田へ送還されてしまった。ホノルル空港で女性記者にキャンディを買ってもらったときこそ少し笑顔を見せたが、肩を落としながら、飛行機へ乗りこんだのだった。[2]

少年が密航を企ててから既に長い年月が経過した。今日、ハワイへ行くことが「夢」である若者はどれほどいるだろうか。「夢」と感じるにはあまりに現実的すぎるほど、ハワイは身近に感じられるようになった。ハワイはもはや一大決心をして行くところではないし、ましてや密航を試みるような憧れの地でもない。

今日、日本からハワイを訪れる人の数は年間二〇〇万人にものぼる。日本国民の約六〇人にひとりが毎年ハワイに行っている計算だ。毎日何便もの飛行機が、たくさんの人を乗せてハワイへ飛び立って行く。

移民、戦争、観光

日本人の多くにとって、ハワイは忙しい日常から一時的に解放され、のんびりとしながらバカンス気分を満喫するところになった。それに伴って、ハワイに関する情報がメディアで大量に流通するようになった。毎年、たくさんの観光ガイドブックが発刊され、雑誌では次々とハワイ特集が組まれている。密航してまで行きたがる人のいた「憧れのハワイ」は、今や「サンダル履きで行くハワイ」となり、気軽に行けるリゾート地となった。

同時に今日では、先の密航少年ほどハワイに対し旺盛な好奇心と意気込みを持っている人は少ない。バカンスを楽しむリゾート地というイメージばかりが強調され、ハワイ社会をより広い意味で知ろうとする努力はあまりなされていないのが現状だ。

本書は、このような問題意識に立ちながら、ハワイ社会の歴史と文化に焦点をあてる。とはいえ、ハワイの全体を一冊の本にまとめるのは容易なことではない。地理的にみても、ハワイ諸島は東西に広がる島々の連なりであり、最西端のクレ島と「ビッグ・アイランド」と呼ばれる最東端のハワイ島は二五〇〇キロメートル以上も離れている。

また、歴史的にも、文化的にもハワイはとても多様で複雑なところだ。ネイティヴ・ハワイアン（ハワイ先住民）の歴史は、一〇〇〇年以上さかのぼることができるし、過去二〇〇年は、南北アメリカ、ヨーロッパ、北東アジア、東南アジアからの移民がその歴史や文化に参加する。このような多様な背景を意識しながら、ハワイを主に日本との関係のうえで考えていきたい。まず、十九世紀以降のハワイの歴史を移民、戦争、観光という三つの流れのなかで捉える。これらは過去一五〇年ほどのあいだ、ハワイにもっとも大きな影響を与えてきた事項をおおよそ時系列的に論じたものである。そうした後に、過去から未来にいたるハワイを考えるうえで重要な、ネイティヴ・ハワイアンの歴史と文化について考えよう。

日本には移民研究の蓄積があり、ハワイの移民研究、とりわけ日系移民についてもいろいろな研究が行われている。しかし一般には、なぜハワイに日系アメリカ人がたくさん住んでいるか、あまり知られてはいない。かれらが農場労働者として移住したということは知られているが、移民の実際の生活に関する情報は少ない。

また、移民の「エスニシティ」（人種・民族・出身地などの文化的特徴に基づいて形成される

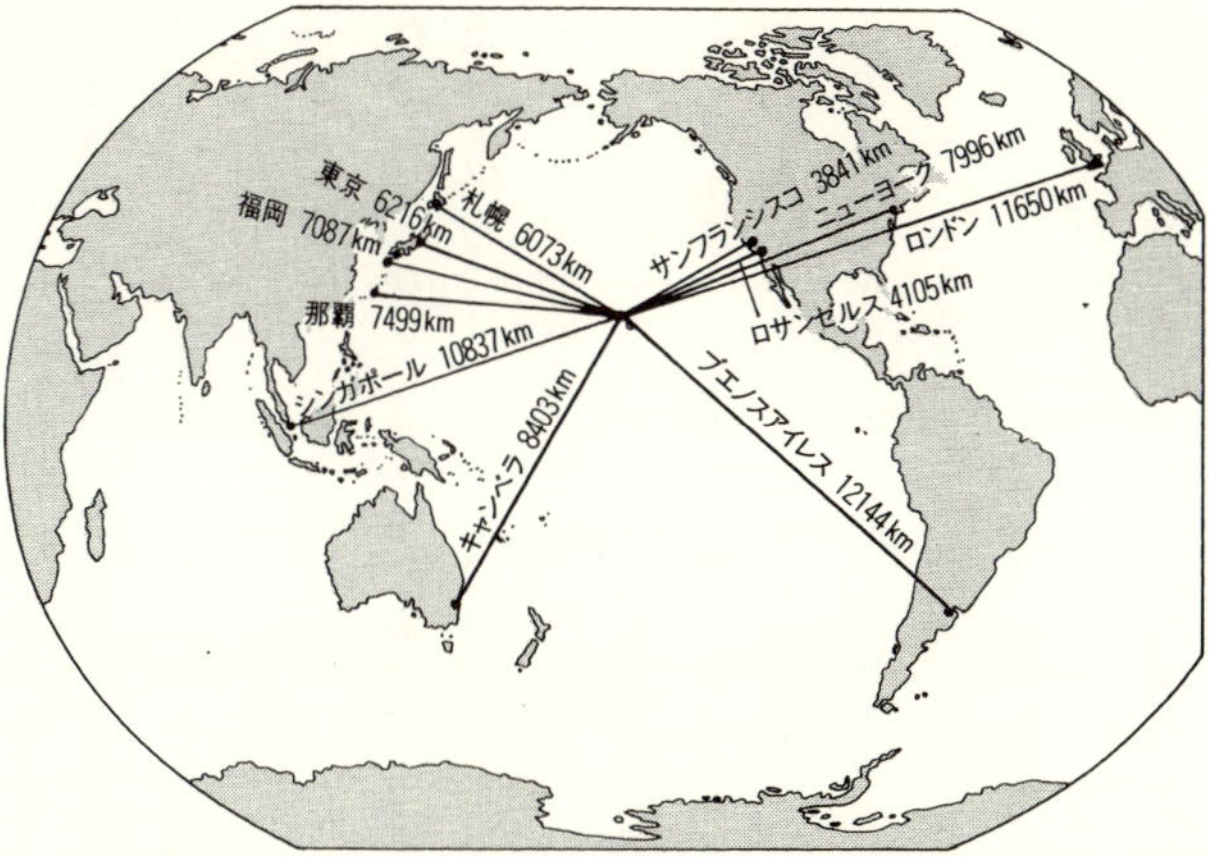

ホノルルから世界各都市までの距離

帰属意識）に関する混乱がある。はたして、ハワイの日系アメリカ人は「日本人」なのだろうか。日系アメリカ人は「同じ血」を引く「同胞」であるとよくいわれるが、それは正しい理解なのだろうか。第I章ではハワイ移民史全般を紹介しながら、移民のアイデンティティについても論じたい。

「楽園」イメージを超えて

ハワイが戦争や軍事と密接に関係していることとは、パール・ハーバー（真珠湾）がハワイにあることからも明らかである。しかし、最近の日本では、パール・ハーバー攻撃に関する記憶が薄れつつある。原子爆弾が広島と長崎に投下された日はほとんど誰もが知っているのに、パール・ハーバー攻撃の日（日本時間の一九四一年十二月八日）を正確にいえる人は少ない。被害者としての記憶ばかりではなく、加害者側の行為とその意味を知ることも大切である。第II章では、実際に日本の攻撃を体験したハワイの人びとの生活に焦点をあてながら、ハワイにとっての第二次世界大戦の意味や、ハワイと軍事の関係について考える。

周知のとおり、今日のハワイは一大観光地である。ハワイを訪れる大半の人の目的は観光だろう。しかし、ハワイの観光化は比較的最近の現象であり、とりわけ、日本人のハワイ観光が本格的にはじまったのは一九六〇年代以降である。第III章では観光地としてのハワイがどのように形成されてきたかを、とくに日本人の観光に焦点をあててみていく。また、観光がハワイにもたらすさまざまな影響を点検しながら、今後のハワイ観光についても考えたい。

ハワイについて考える際には、先住民族であるネイティヴ・ハワイアンの文化と社会に対する理解が不可欠である。第IV章ではネイティヴ・ハワイアンの歴史を概観しながら、かれらの文化を軸に、変容していくハワイ社会について考えたい。通史的な記述をするのであれば、もっとも古くからハワイに住んでいるネイティヴ・ハワイアンの歴史と文化は、第I章として取り上げられるべきかもしれない。しかし、そのような順序立ては、ネイティヴ・ハワイアンの歴史を、今日のハワイ社会を理解するために必要な前史的な基礎知識と位置付けてしまいかねない。むしろ、かれらの歴史と文化を知ることが、今後の多文化的なハワイ社会を理解していくための重要な鍵であるという意味をこめて、最終章で論じることにした。

本書の趣旨は、世界の政治や経済の流れから無縁の、浮世離れした「楽園」というイメージとは異なる、国際的な枠組みのなかに位置付けられたハワイ像を提供することである。既に出版されているハワイ関連図書に加え、ハワイで刊行されている英語や日本語の新聞、雑誌、各地の文書館に残されている日記、手紙、写真などの一次資料を利用しながら、日本の読者にあまり知られていないハワイの歴史や社会の側面を紹介する。一般に知られているハワイの「現実」とは異なるもうひとつの「現実」を浮かび上がらせ、日本におけハワイの理解に幅を持たせることができれば幸いである。

第1章

移民たちのハワイ

HAWAIʻI

1　サトウキビとピクチャーブライド

人身売買？

一九九四年、アメリカで『ピクチャーブライド』という映画が公開された。ピクチャーブライド（写真花嫁）とは、十九世紀末から二十世紀初めにかけて、ハワイやアメリカ西部に移住した日本人男性と、写真だけで「お見合い」をして結婚を決め、日本から海を渡った女性たちのことである。写真を交換するだけで、一度も会うことがないばかりか、親や仲人が勝手にまとめてしまうケースも珍しくなかった。

このような結婚は、見合いが一般的だった当時の日本ではそれほど驚かれなかったが、恋愛感情を重んじるアメリカでは人身売買と誤解され、日米文化摩擦の一因にもなった。そのような反発にもかかわらず、ピクチャーブライドとして日本からハワイへ向かった女性は一万五〇〇〇人ほどもいた。

映画『ピクチャーブライド』は、一九一八年（大正七年）に「ピクチャーブライド」としてハワイへ渡ったひとりの日本人女性の物語である。監督は日系三世のカヨ・ハッタ、主人公のリヨを女優の工藤夕貴《くどうゆうき》が演じた。日本ではあまり話題にならなかったが、アメリカでは一九九五年のサンダンス・フィルム・フェスティバルでドラマ部門観客賞を受賞するなどして、評判になった。

両親を結核で失った十六歳のリヨは、一九一八年、オアフ島に住むマツジの嫁となるためにハワイへ向かった。「不治の病」といわれた結核患者の娘には、嫁のもらい手がなかったからだ。マツジは、写真で見る限り、若くてなかなかハンサムだ。「貴婦人蝶花々臨みて羽もまた香《かぐわ》しき」という歌を自己紹介の手紙と一緒に送りつけてきたところをみると、教養もありそうだ。悪い結婚相手ではないとリヨは思った。

しかし、実際にホノルルの港でリヨを出迎えたのは、写真とは似ても似つかぬ男だった。年をとりすぎているし、言葉は熊本弁まるだしで、とても教養があるように見えなかった。彼女に送った写真は何年も前のもので、歌は知り合いに書いてもらったものだった。おまけに、サトウキビ畑の真ん中にあるマツジの「家」はボロボロの掘っ立て小屋に過ぎない（1―1）。一方のリヨは横浜育ちのハイカラな「シティーガール」だった。太平洋を渡る船の中でもただひとり洋装をして、英語も少しは理解できた彼女にとって、これほどの屈辱はなかった。

「騙《だま》された」と気づいても後のまつり。マツジは四十三歳。彼女の父親と変わらない年齢だ。しかし、金も身よりもない彼女は、日本に帰ることも、マツジの家を出ることもできない。

1—1　19世紀末、ハワイ島のヒロで撮影された日本人移民の住宅。入口に子供を抱く女性が座っている。住宅はプランテーション側が供給・管理していた。一軒家をあてがわれず、狭い長屋で雑居を余儀なくされた労働者も多かった。この写真はハワイを訪れる観光客の「お土産用」に撮影されたものと思われる。白人観光客にとって、世界各国から労働者が集まるハワイは、見慣れない人種や風習を目の当たりにできる異国情緒あふれる島でもあった。(Hawai'i State Archives)

唯一の抵抗は、マッジを拒むことだ。初夜も、彼の指に嚙みついて、身体に触れさせなかった。

マッジの妻にはならず、日本に帰ろうと決心したリョは、サトウキビ農場での仕事に精を出し、なんとかして帰国費用を貯めようとする。しかし、都会育ちの彼女にとって、農作業は辛く厳しかった。仕事は朝五時にはじまり、昼休みを挟んで、一〇時間続けられる。土を耕す作業は、腰を曲げたままなので、耐え難いほど辛かった。ちょっとでも手を休めると、ポルトガル人の現場監督がやって来て怒鳴り散らし、ときには鞭《むち》を振りかざした。

バンゴー

労働者たちは「バンゴー」と呼ばれる番号札を首からぶら下げていて、名前ではなく数字で呼ばれるのが常だった（1—2）。

給料日に番号を呼ばれて、金を受け取ると、思わず「こんなはずないわ！」と叫んでしまうほどわずかな額だった。このままではいつ日本に帰れるかわからない。リヨは疲れた身体に鞭打って、長く厳しい農作業後、今度は農場で働く独身の男たちの洗濯物をして金を稼いだ。寝る間を惜しんで働き続けた。

ある日、農作業と洗濯仕事の苦労を共にしてきた親友のカナが、サトウキビ畑を焼く作業中、火に巻き込まれて死んでしまう。友人を失い、帰国の夢もあきらめた絶望するリヨのもとに、カナの亡霊が現れて話しかけ、励ます。ハワイで生きていく力を与えるのだ。

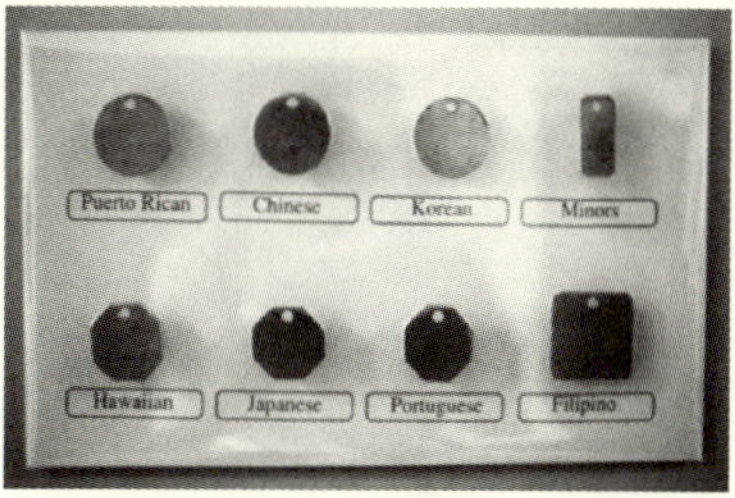

1—2　労働者は名前ではなく、番号で管理された。自分の番号を示す札をいつも首からぶら下げていなければならなかった。やがてこの札は「バンゴー」と呼ばれるようになる。経営者や現場監督が見分けやすいよう、出身国、人種、年齢などで違う色や形をしていた。ここには「プエルトリコ」「中国」「コリア」「未成年」「ネイティヴ・ハワイアン」「日本」「ポルトガル」「フィリピン」のバンゴーがある。経営者側は労働者を区分することで各グループのライバル心をあおり、団結を防ごうとした。(Hawaii's Plantation Village にて。Y. YAGUCHI)

リヨはついに、ハワイに住むことを決意をする。農場でも、周りの日本人にとけ込むよう努力しはじめる。おとなしかったリヨが、他の日本人労働者と一緒にホレホレ節という労働歌を歌うようになる。日本人コミュニティの一員として生活していく決意を固めたのだ。そして、素朴で実直なマッジのことを徐々に受け入れるようになり、妻となり、子を育て、ハワイを第二の故郷とした。

映画は老女となったリヨの声で終わる。今でも目を閉じると「カナの声がきこえる気がする」と老女は語る。しかし、それは「孫をあやす私の娘の声」なのである。リヨはハワイで子供を生み、そして孫ができた。映画は、リヨのようなピクチャーブライドの多くが、忍耐、我慢、頑張りの精神で苦難を乗り越え、ハワイ社会の一員となったことを描いている。監督のハッタは、このような一世の女性たちに映画を捧げた(1)。映画の特別試写会に招待された一世の女性たちの多くは、スクリーンに映るリヨの姿に自分の過去を重ね合わせて、涙を流したという(2)。

実際、リヨのような思いをした女性は多かった。一九一〇年(明治四十三年)にハワイへ来たというある一世の女性は、「移民局から出てきて夫に会っても、なにしろ知らない人ですから怖くて何も話せませんでした。夫が話しかけても、何も言えないんです。子供のころから男の人とは気軽に話してはいけないと言われていましたから」と過去を振り返った。「サトウキビ畑の真ん中にある家に連れて行かれたときは、本当に日本に帰りたくなりました」という彼女にとって、家族と離れ、まったく見知らぬ土地で見知らぬ男の妻としての生活をはじめなければならなかった苦労は、いつまでも忘れられないものなのである(3)。

リヨの話はフィクションだが、ハッタは脚本家とともに、数多くの歴史資料を丹念に調べ、たくさんの女性たちの体験を参考にしながら映画を作ったのだった。(4)

クック船長

リヨのような日系人の歴史と文化を理解するためには、十九世紀以降のハワイにおける移民史を概観する必要がある。日本人を含め、なぜ多くの人たちがハワイへ移住したのだろうか。そして、どんな生活を送ることになったのだろうか。

一七七八年にイギリス人のジェームズ・クック(一七二六—七九)がハワイにやって来ると、その後、ヨーロッパやアメリカからの船が頻繁に来島するようになった。長いあいだ、外の世界と隔絶されていた島々は、急速に国際貿易システムに組み込まれていった。

当初は、主に中国へ向かう欧米の貿易船がやって来た。ハワイにある白檀《びゃくだん》と呼ばれる木を中国との貿易に利用するためである。十九世紀に入ると、ハワイの港は捕鯨船の補給基地として栄えるようになった。当時、捕鯨は一大産業で、アメリカやヨーロッパの捕鯨船が、世界各地の海で盛んに鯨を追っていた。電気が普及する以前の時代、鯨油はランプ用の油として使われていたし、鯨の骨は女性用のコルセットや歯ブラシなどの材料として利用されていた。鯨は貴重な資源だった。

一八一九年に最初の捕鯨船が到着して以来、ハワイに寄港する船の数は徐々に増え、一八四〇年代には毎年三〇〇隻前後もの船がオアフ島のホノルルやマウイ島のラハイナに入港し、水や食料を購入した。

陸に上がる人の数も増加の一途をたどった。一八三四年の上陸者数は五〇〇〇人程度だったのが、一八四六年には二万人近くになった。[5] かれらの多くは男性で、長いあいだ船上で不自由な生活を強いられていたうっぷんを晴らすため、酒を飲み、女を買った。そのような水夫をあてこみ、ハワイに移住して店を出す白人もいた。一八二〇年以降、ホノルルやラハイナの町には、春や秋の捕鯨船寄港の時期になると、いかがわしい酒屋が姿を現し、著しく治安が悪化した。当時のホノルルの「流行」は「ギャンブルに耽《ふけ》ることと、怠惰で不節制な暮らしを送りながら、毎日らんちき騒ぎをすることだ」とまでいわれた。[6]

白人商人とキリスト教

ハワイは太平洋貿易の拠点だったから、貿易会社の事務所が設けられ、白人の社員が常駐していた。白人商人は、ネイティヴ・ハワイアンの貴族に西洋の物品を売りつけ、かれらの負債を大きくして、ハワイにあるさまざまな資源を入手しようと画策していた。その一方で、王や貴族に請われて島に残り、大工や鍛冶などの技術指導をしたり、国家の近代化を進めるハワイ政府の税関業務や学校教育にたずさわったりする白人もいた。

アメリカからはキリスト教の宣教師もやって来た。一八二〇年に最初の宣教師が到着して以来、ネイティヴ・ハワイアンを「救う」ために、キリスト教伝道が積極的に行われた。宣教師は伝統的なハワイアンの生活を毎日「あてもなく、ぶらぶらしているだけ」だと非難した。貯蓄もしなければ、必要以上に働こうともしないかれらの生活は罪であると断罪した。宣教師は宗教や伝統だけではなく、言語、服装、労働態度にいたるまで、ハワイアンのすべての価値観と風習を否定しようとした。そして、自分たちの信仰に基づく価値観を広めるため、聖書をハワイ語に翻訳し、学校を設立し、熱心に布教活動を行った。

カメハメハ二世（一七九六―一八二四）の治世のもとでは、カメハメハ一世（一七五八?―一八一九）の妻であったカアフマヌ（一七六八?―一八三二）が政治的実権を握ったが、彼女は伝統に固執しようとする敵に対抗するためにキリスト教に改宗した。その結果、キリスト教を支持するハワイアンの貴族も増えてきた。数多くのハワイアンがキリスト教に改宗し、カプと呼ばれるタブー（禁忌）に基づくハワイの伝統的な宗教を信じる者の数は減っていった。

このように、十九世紀以降のハワイには西洋からさまざまなものがもたらされた。新しい知識や技術、貿易がもたらす富の恩恵を受ける者が一部にいる一方で、貧困や病気に苦しんだハワイアンも多かった。梅毒や麻疹（はしか）など、それまで存在しなかった病に蝕《むしば》まれ、多くの人が命を失った。また、生活の苦しさから逃れるため、コミュニティを離れて外の世界に出ていった者も多かった。その結果、ネイティヴ・ハワイアンの人口は急速に減少し、十八世紀末には三〇万といわれた人口が、十九世紀の半ばには七万ほどになっている。このような状況のなか、白人たちがハワイ経済の実権を握るようになる。技術と資本力のある白人が、徐々にハワイ王朝内での発言力を増していった。

サトウキビの島

白人の立場をさらに強固なものとしたのがサトウキビ産業である。サトウキビはもともとネイティヴ・ハワイアンの食料だった。ただ、輸出用作物として大規模に栽培されたことはなかった。一八三五年、カウアイ島で最初の本格的なサトウキビ農場がはじめられ、その後、サトウキビ産業は順調に成長を遂げた。一八五〇年以降、白人資本家の土地私有が認められるようになると、かれらはハワイ各地に農場を設立し、次々とサトウキビを植えていった。とりわけ、一八六一年にアメリカで南北戦争が勃発すると、アメリカ北部の都市で消費される砂糖を、南部に代わって供給するようになったため、大規模なサトウキビ農場が次々と作られ、ハワイにおけるサトウキビ生産量は急激に増加した。

1—3　1910年のホノルル港。サトウキビを積み出す船や、移民労働者を乗せた船などが毎日のようにたくさん入港していた。ハワイ語で「守られた穏やかな水」という意味のホノルルは、わずか100年ほどのあいだに太平洋随一の港町に変貌した。今日でも毎日のようにたくさんの漁船や貨物船が入港している。(Library of Congress)

サトウキビの生産量は一八三七年には約二トンに過ぎなかったが、一八七〇年には一万トン近くになっていた。そして、一八七六年にアメリカ合衆国との条約で砂糖の関税が撤廃されると、生産量はさらに増え、ハワイはサトウキビの島として世界的に知られるようになった。生産量は一九〇〇年には三〇万トン、一九三〇年代には一〇〇万トンに達し、アメリカをはじめとする、世界各地へと輸出された。十九世紀半ばまで、中国との貿易や捕鯨船の中継地点に過ぎなかったハワイが、サトウキビ産業の始動とともに、農産物輸出の基点へと変化したのである（1—3）。

この結果、一部の白人は巨大な富を手にした。かれらは「ビッグ・ファイブ」と呼ばれる五つの企業を経営し、サトウキビ農場だけではなく、運輸、保険、銀行など、ハワイ経済のすべてを牛耳るようになった。(7)

2　移民到来

カチケン

サトウキビ産業はハワイ社会に著しい変化をもたらした。サトウキビはハワイを支配する「王」とまでいわれ、ハワイ社会のあらゆる面に影響を及ぼした。そのひとつが、ハワイにおける移民の急増だった（**口絵参照**〈J・D・ストロングの絵〉）。

サトウキビ栽培はたくさんの労働力を必要とする。土を耕し、雑草を取り除き、サトウキビを植え、水をやる。収穫にあたっては、葉をとり除き、人間の背丈の倍ほどもある高さの茎をできるだけ根元から刈り取る。そして、茎をまとめて、工場へ持ち込むのだった。辛く厳しい労働が要求される作業だった（1—4〜7）。

サトウキビ栽培がはじまったころ、畑で働いていたのはネイティヴ・ハワイアンだった。しかし、かれらを農場労働者として雇用し続けることは難しかった。そもそも、自分で食べないものを大量に栽培することは、伝統的なハワイアンの考えと異なっていた。加えて、ネイティヴ・ハワイアンの人口が十八世紀から十九世紀にかけて急速に減少したため、サトウキビの生産量の増加に見合うほどの労働者を確保することがますます難しくなっていた。

1—5　収穫の準備ができると、水をやらず半ば枯れた状態にして畑に火をつけた。葉が燃え、砂糖の原料となる茎の収穫が容易になった。

1—4　サトウキビは短く切った茎を蒔くと数日で芽が出た。日差しや虫、鋭い葉から肌を守るため、全身を手袋や脚絆などで覆わなければならなかった。暑いハワイでは大変な作業だった。（このページすべて、Library of Congress）

1—6　火が消えると、茎の収穫。“cutting cane”（茎を刈る）から、日本人労働者のあいだで「カチケン」と呼ばれるようになった。

1—7　収穫した茎はすぐに工場まで運ばなければならなかった。馬車などで運ぶこともあったが、鉄道を敷き、蒸気機関車を使う大規模なプランテーションもあった。今日、「サトウキビ列車」として観光客向けに運行されているものもある。

輸入される労働者

そこで、白人の農場経営者たちは島外から労働者を「輸入」することに決めた。

最初にやって来たのは中国人だった。既に一八三〇年代からサトウキビ畑や製糖工場で働く中国人がいた。そして、一八五二年に最初の契約労働者が到着した後、たくさんの中国人が移民して来た。とりわけ、関税が撤廃された一八七六年以降、毎年数千人の中国人がサトウキビ畑で働くためにハワイに来た。十九世紀にハワイへ渡った中国人の数はおよそ四万六〇〇〇人と推定されている。かれらは「時間を守り、仕事を覚えるのが早く、真面目で、たくさんのことを成し遂げる」労働者として大いに歓迎された。一八七二年の時点では、サトウキビ畑の労働者の約八〇％がハワイアンの血をひく者で、中国人はまだ一〇％程度だった。ところが、一〇年後、中国人労働者の数は五〇％にも達し、逆にハワイアンの比率は三〇％以下になった。(8)

しかし、中国人労働者は、三年の契約を終えた後の定着率が悪かった。貯めた金を持って中国に帰ったり、ホノルルなどの都市に出て商売をはじめたり、自分で土地を借りて稲作などをはじめたりする者が多かった。また、当時、アメリカ合衆国内では中国人労働者に対する強烈な偏見と差別意識が根強くあり、中国人排斥運動が起きていた。ハワイでも中国人労働者の数が増えるにつれて、かれらに対する風当たりが強くなった。とくに、中国人労働者が契約終了後、商売をはじめ、白人たちの商売がたきになると、かれらに対する反発はますます強くなった。一八八〇年代以降、ハワイ政府は中国人移民の数を制限しはじめ、一八九八年にハワイがアメリカに併合されてからは、アメリカの中国人排斥法が適用され、中国人の移住は事実上不可能になった。

　中国人労働者への差別がはじまると、他の国からも労働力が輸入されるようになった。とくに、一八七八年にはポルトガルから労働者が到着し、その後約一万五〇〇〇人が来島した[9]（1—8）。

1—8　1878年以降、ハワイには数多くのポルトガル人がやって来た。中国や日本の労働者と異なり、大半は最初から家族ぐるみで移住して来た。ヨーロッパ出身の移民として現地の白人に優遇される一方、カトリック信者のかれらは、プロテスタントのアングロ・サクソン系に差別された。男たちは「ルナ」と呼ばれる現場監督として雇われることが多かったが、それ以上出世することはあまりなかった。写真は1895年ころに撮影されたと思われるポルトガル系の移民たち。自転車は当時まだ珍しく、この家族の誇りの品だった。
(Hawai'i State Archives)

官約移民

　日本からも移住がはじまった。明治元年の一八六八年に、一四九名がハワイへ渡った。ハワイの農場経営者たちは、「元年者《がんねんもの》」と呼ばれたこの日本人移民に大いに期待したが、かれらの定着率は悪かった。移住者の多くは農作業に不慣れだったし、経営者と賃金や労働条件をめぐって対立した結果、ほとんどが農場を去ってしまった。

その後、一八八五年に日本からの移住が再開された。サトウキビ畑の労働力不足に悩むハワイと、失業者対策に頭を悩ます一方で、移民が郷里に送金する外貨の獲得を望む日本政府の利害が一致したのだ。ハワイ政府が金を出し、日本政府が斡旋《あっせん》した移住者は「官約移民」と呼ばれた。その後、移住の斡旋は一八九四年から民間会社に委託され、移住者は「私約移民」と呼ばれるようになった。官約移民と私約移民は「契約移民」とも呼ばれ、労働者は農場主と契約を結び、渡航などに伴う諸経費を負担してもらう代わりに、三年間はその農場主に拘束されることになった。一九〇〇年に「契約移民」制度は廃止され、一九〇八年まで「自由移民」の時代になった。

官約移民としてハワイへ渡った日本人は約二万九〇〇〇人、その後、私約移民・自由移民として渡った数は約一二万五〇〇〇人と推測される。その結果、一八八〇年代の初めには全サトウキビ労働者の一%にも満たなかった日本人労働者の数は、一〇年後には六〇%を超え、一九〇二年には七〇%に達した(10)。

一九〇八年以降は、日米間で締結された「紳士協定」と呼ばれる決まりのもと、日本からの移住は制限されるようになり、移民の家族や、いったん日本へ戻ったけれども再び移住を希望する「帰米」者でなければ移住が認められなくなった。それでも、一九二四年（大正十三年）の移民法により日本人の移住が事実上不可能になるまで、ハワイへ向かう移民の流れは着実に続いた。結局、十九世紀末から二十世紀前半にかけて、約二二万もの人びとが日本からハワイへ渡った。

ハワイのウチナーンチュ

他にも多くの人びとがハワイのサトウキビ畑にやって来た。アジアでは朝鮮半島、フィリピン、沖縄などから移民が渡った（1―9）。移住が開始されたとき、沖縄はすでに日本領になっていたので、沖縄からの移民は「日本国籍」を持ってハワイに来た（したがって、上記の「二二万人」は約二万五〇〇〇人の沖縄出身者を含んだ数である）。しかし、かれらに対して、内地出身者の多くは強い偏見を抱いていた。ハワイの白人社会から、「日本人」として差別を受けるだけではなく、内地出身の日本人からは「沖縄出身者」として差別された。

このような強い差別があったうえに、琉球独特の言葉と文化を持っていた沖縄出身者は「ハワイのジャパニーズ」でありながら、同時に、「ハワイのウチナーンチュ」としての意識を強く抱くようになった。今日、沖縄系の人口は約四万五〇〇〇人といわれているが、そのなかでもオキナワ系としての別個の意識を持つ人びとは、独自の団体を形成し、琉球文化を

1―9　朝鮮半島からもたくさんの移民が来た。女性の多くはピクチャーブライドとしてやって来た。日本が植民地としていたため、社会的には「コリアン」でも、法律的には「日本人」として扱われた。日系移民の多くはコリア系移民に強い差別意識を持ち、コリアンの移民たちは祖国の解放を願っていたので、両者のあいだには深い溝が見られた。写真は1915年ころのコリア系の家族。アジアからの移民の家族写真は、男性が洋装をして、女性はチマチョゴリや着物などの伝統的な衣服を着ているものが多い。(Hawai'i State Archives)

継承しようとしている[11]（内地出身者と比べて、沖縄からは第二次世界大戦後もハワイへの移住が多いのが特徴である。米軍による占領期にハワイへ来た人びともいた。駐留米軍の軍人と結婚してハワイに来る女性も多い。1―10〜11）。

十九世紀末から二十世紀にかけて、ドイツ、ノルウェー、スコットランド、プエルトリコからも移民がやって来た。こうしてハワイはさまざまな文化を背景に持つ、多様な人びとが住む島へと変化していった。

いろいろな国から移民を呼び寄せたのは、農場を所有する資本家の経営戦略でもあった。経営者たちは、異なった国の労働者を農場で「競争」させることで、団結を防ごうとした。出身国によって、労働の内容や賃金に差をつけ、労働者同士の敵対心をあおって結束力を弱め、ストライキが起こるのを防ごうとしたのである。たとえば、ポルトガル人などのヨーロッパ系の移民は「ルナ」と呼ばれる現場監督になる場合が多く、実際に農作業をする日本人や朝鮮半島出身の労働者とはあまり仲が良くなかった。

また、同じ労働をしても日本人の方がフィリピン人やコリアンより給与が高いことが多かった。差別を受けた労働者たちは、経営者に対してのみならず、差別を当然のこととみなす尊大な日本人労働者に対しても不信感を募らせた。資本家は巧みに労働者の民族意識を利用したのである。

それぞれの出身地のあいだで起こる対立は、労働者間のライバル意識をいっそう強めることになった。たとえば、日清戦争（一八九四―九五）のときや、第一次世界大戦（一九一四―

1—10　オアフ島ワイパフにはハワイ・オキナワ・センターがある。撮影した日は「クラフト祭り」が行われていて、多くの人で賑わっていた。屋根の上と入口にはシーサーがあった。沖縄名物のサーターアンダギー（砂糖をまぶした揚げドーナツ）が飛ぶように売れていた。（1—11とともに、Y. YAGUCHI）

1—11　センターの横には「沖縄県人移住100周年」を記念する大きな石がある。沖縄からのハワイ移民は金武（きん）町出身者が多かった。石にはその金武町の指導者で、「移民の父」とも呼ばれた當山久三が詠んだ「いざ行かん我らの家は五大州　誠一つの金武世界石」という歌が刻まれている。

一八）後に日本が遼東半島を占領したときなどは、ハワイの日本人と中国人労働者のあいだにも深い溝ができた(12)。

移民たちの背景はさまざまだった。中国人や初期の日本人移民の大半は若い男性だったが、ヨーロッパからの移民は家族を連れて来た。移民の多くは、ハワイで金を儲け、祖国で味わった生活の苦しさからなんとか解放されたいと願っていた。出稼ぎに来た者もいたし、最初からハワイに定住しようとしていた者もいた。契約期間を終えると、さらなる可能性を求めてアメリカ西海岸に移って行った者も少なくなかった。しかし、多くはそのままハワイに残った。これら多様な集団が今日のハワイ社会の基礎を築き上げることになる。

3　日本人移民の生活

「ハワイには酒が一滴もない」

日本から移住した人びとの大半は、主に経済的な理由で故郷を離れる決意をした。広島や山口などの中国地方と、熊本などの九州出身者が多かった。一八八〇年代、これらの地域は景気がよくなかった。こうした時期に、「天竺《てんじく》の国」ハワイでは、三年間で四〇〇円もの金を貯めることができるという噂がとびかった。農家の次男や三男はこの話に飛びついた。

また、ひとつの村や地域の出身者がまとまって移住することもあった。これは、村の誰それの「成功物語」を耳にして（もっとも、それが正しい情報ではないことの方が多かったが）、他の者も心を動かされたからだ。山口県の大島郡からは住民の約三割がハワイへ移住した。

中国地方や九州以外からもたくさんの人びとがハワイへ向かった。一八八四年に最初の官約移民六〇〇名が募集された際、日本全国からの応募者は二万八〇〇〇人を超えたという。

ただし、二二万人の移民の背景は経済的な理由だけではなかった。外の世界を見てやろう、という冒険心で渡航を決意した男もいた。酒飲みの亭主に困り果てていた妻が、「ハワイには酒が一滴もない」という噂を聞きつけて、気の進まない夫を説得して渡ったという話もある。海外に行きたいと、好きでもない男について行った女性もいた[13]。

また、全員がサトウキビ畑で働いたわけではなかった。日本料理店を開いたり、日本人学校の教師や日本人病院の医師、ホノルルの日本語新聞の記者になったりした者もいた（1—12）。日本人用に建て

1—12　19世紀末のホノルル市内にあったすし屋。「ホノルル名物淀川寿司」とある。当時「チャイナタウン」と呼ばれたアジア人居住区にあったものと思われる。(Hawai'i State Archives)

られた寺の住職となるため、僧侶は海を越えた。日本人へのキリスト教布教を目的に、宣教師としてハワイへ向かった男たちもいた。

月額一〇ドル

二二万人全員がハワイに残ったわけではない。病気であることなどを理由に上陸を拒否されて、まっすぐに日本へ送還されてしまう者もいた。ハワイである程度の金を貯めた後に日本へ戻った者もいた。一九〇八年にアメリカ本土への移住が禁じられるまで、さらなるチャンスを求めて毎年たくさんの移民がハワイからカリフォルニア、オレゴン、ワシントンなどへ渡った。より高い賃金と豊かな暮らしを求めて、日本には帰らずに、東方へと向かったのである。結局、ハワイに残った日本人は約一〇万人だった。

ハワイに残った日本人労働者の多くはサトウキビ畑で働いた。休みは週に一日だけで、月額一〇ドルたらずの給料から、さらに諸経費が天引きされた。収入は日本よりは高かったが「三年間で四〇〇円」を貯めるのは難しかった。「故郷に錦を飾る」という夢は、多くの労働者にとって、かなわずに終わったのである。

契約移民の場合、契約がきれるまではどれほど労働環境が悪くても合法的に農場を去ることはできなかった。自由移民の場合も、農場主による酷使や虐待に耐えなければならないことが多かった。命令に従わなければ現場監督に足げにされ、鞭でうたれることもあった。体調が悪くても休むことは許されなかったし、病気になった場合、欠勤した日数分給料がさしひかれてしまった。ある男性は、若いころの「過酷な労働」を、「とても信じられない、むごい、あわれな日々だった」と述懐している。「病気をしても適当な施設がないために命を縮める者」が多かったし、「死んだからとて、葬式らしい葬式もできず、ただ穴を掘って、そこに死骸を埋め、土をかぶせて手を合わす」だけだった。[14]

カッパ

映画『ピクチャーブライド』が示すように、苦労をしたのは男性だけではなかった。むしろ、夫や子供たちの世話をしつつ、サトウキビ畑で男と同様に働かなければならなかった女性の苦労は、男性以上のものだった（1—13）。

1—13　1914～15年ころ、マウイ島で撮影された日本人女性労働者。「果物を売る女」という注釈がある。当時の労働者の生活を垣間見ることができる。ただし、構図や服装などから、モデルを用意してポーズをさせたという印象を受ける。1—1と同じように、白人観光客向けに撮影されたものと推測される。(Hawai'i State Archives)

服飾史の研究家である

バーバラ・カワカミは、そのような女性たちの苦労を物語るもののひとつとして、防水具のカッパにまつわる話を紹介している⑮。

サトウキビ栽培には水が不可欠なので、農場は比較的降水量の多い地域に作られた。雨が降っても仕事は休みにならないし、雨だからといって働かなければ賃金はもらえなかった。労働者にとって、ドシャブリの雨のなかで働き続けるには、どうしてもカッパが必要だった。「弁当を忘れてもカッパは絶対に忘れるな」といわれるほどだった。

当時、カッパはゴム製のものが一般的で、店で買うと一着五ドルもした。出費を抑えようと、自分でカッパを作る女性が多かった。一日一〇時間もサトウキビ畑で働いた後、家事を済ませ、疲れた身体を休める間もなくカッパ作りをした。

まず、厚手のモスリンを身長に合わせて切り取る。そして、防水加工として、柿しぶを染み込ませた後、亜麻《あま》と松の樹脂を塗りこんだ。何度か同じ作業を繰り返して乾燥させると、多少の水なら十分にはじくようになる。最後にモスリンを縫い合わせてカッパの完成だ。

柿しぶは日本から輸入されたもので、小瓶一本で七五セントだった。これでも高かったので、代わりにペンキや地元のククイと呼ばれる木の樹脂を塗る女性もいた。女性たちは家族のカッパを作る一方、独身の男たちの分も作って小銭を稼ぐ者もいた。

サトウキビ畑で出産

カッパは水をはじく一方で、汗を逃がさない。だから、雨と汗にまみれながら、作業をしなければならなかった。厚手の生地でできているうえ、いろいろなものが染み込んでいるカッパは重く、作業をいっそう辛いものにした。おまけに、いくら防水してあるとはいえ、雨にぬれると油と水が混じりあい、ヌルヌルとした気持ちの悪い状態になった。それでも、大半の労働者はゴム製のカッパを買わず、手作りのカッパを使った。

女性たちは自分で作ったカッパを他の用途に活用することもあった。サトウキビ畑の労働者は、働かなければ給与がもらえないので、怪我をしても、病気になっても、多少無理をして働くのが普通だった。出産を控えた女性も、ぎりぎりまで働いた。だから、農場で産気づくことも珍しくなかった。女性が産気づくと母体を動かすことはできないから、サトウキビ畑で出産の準備がはじめられ、助産婦が呼ばれた。仲間の労働者たちはバケツ一杯分ほどの穴を掘り、そこにカッパの表面を下にして敷いた。柿しぶで防水加工をしてあるから、水を入れてもしばらく漏れ出すことはない。こうしてカッパ製の簡易風呂桶ができあがった。男たちが水を持ってきて、お湯を沸かし、赤ちゃんの産湯にしたのである。

「不貞女亭主を嫌い家出す」

映画『ピクチャーブライド』や雨ガッパの話が示すように、移民の苦労は相当なものだった。長いあいだ、日系人社会のなかでは、「我慢」や「頑張り」、あるいは「忍耐」が美徳とされてきた。映画『ピクチャーブライド』も、主人公のリヨが辛く厳しい生活を耐え忍ぶ様子を描くことで、一世の女性たちの精神力を讃えている。(16)

ただし、そのような苦労と忍耐だけが強調されることで、忘れられてしまう歴史の一面もある。移民たちは、ひたすら耐え忍んでいたわけではなかった。

『ピクチャーブライド』の設定では、リヨがホノルルに到着したのは一九一八年となっている。同じころの日本人移民の生活の実際を知る手がかりとして、ハワイで発行されていた日本人向けの日本語新聞を読んでみよう。映画とは異なる側面が見えてくる。ホノルルの『布哇《ハワイ》報知』という日本語新聞には、一九一八年のある日、「不貞女亭主を嫌い家出す、日本で見た写真の人とは違う」という記事が掲載された。胡子《えびす》という男が、五十歳近くになってようやく日本から嫁を呼び寄せた。しかし、二十歳そこそこの妻は、「写真で見た亭主は洋服姿の立派な男であるが、来てみれば赤銅色の小男、コンナ事なら布哇三界まで来るのではなかったと亭主を嫌」った。しかし、「亭主は満身の愛を献《ささ》げし事とて暫くは辛抱」していた。

ハッタ監督の描いたリヨとマッジの話と似ているが、妻が「我慢」し、夫婦に幸せをもたらすことはなかった。じきに、彼女はもっと若い男と「可笑《おか》しな間柄となり、手に手を取って出奔」してしまった。夫は「怒り心頭」に発し、とうとう、妻の居場所を突き止めた。しかし、「女房の方は百五十ドル出すから離縁をして」欲しいといって、決してもとの鞘《さや》に収まろうとしなかった。そして、胡子が考えあぐねているあいだに、また姿をくらましてしまった。(17)

売春の強要

嫌いな夫を我慢しない女性は他にもいた。同じく一九一八年の新聞には、暴力をふるう夫を警察に「脅迫」の疑いで訴え、逮捕させてしまった女性の記事がある。夫が釈放を「歎願《たんがん》」しても、「双方の為めにならず」といって、訴えを取り下げなかった。(18)さらに、当時の日本人のあいだには「二重結婚」も多かった。一度結婚した後、婚姻関係を正式に解消しないまま、別の相手と結婚してしまうのだ。妻を追い出すような男がいた一方で、妻が夫を捨てて、他の男と一緒になる場合も珍しくなかった。(19)

また、夫が妻に売春を強要したため、妻が逃げ出すというひどいこともあった。一九一八年の『布哇報知』には、「呼寄ロマンス」という連載小説が掲載されていた。(20)このロマンスの「女主人公」である雪代は広島県出身で、「年は十八であるが生々《ういうい》しく優眉《ゆうび》のキリッとした口元、涼しい瞳、漁村育ちに似ぬ色白は村の若い衆を少なからずチャームさせて」いた。彼女には許婚《いいなずけ》の男性がいたが、父親が多額の借金をしているため、金払いのよいハワイに住む男のもとにピクチャーブライドとして嫁ぐことになった。雪代は船中自分の運命を恨みながら、ホノルルに着いた。「気に進まぬながらも」これからの新婚生活について、「種々の空想を走らせて居た」ところ、とんでもない現実に直面する。

雪代の夫となる芳太郎は「自分の想像と余りにもかけ距《へだた》って」いたのである。そのうえ、彼は風貌どおり下卑た男で、金のために雪代に「醜業をせよ」と言うのだった。雪代はといえば、「あまりのことに言葉は出なかったが胸のうちは掻《か》きむしられる程の苦しさで狂わしくなる程だった」。彼女が断ると、芳太郎は暴力をふるった。耐え切れなくなった雪代は、ある晩、芳太郎の家から逃げ出した。

しかし、芳太郎に見つけだされ、連れ戻されてしまった。彼は雪代に猿轡《さるぐつわ》をし、悪態をついた。彼の「鬼の様な悪魔の手は幾日か雪代を苦しめた」。そして、「最後の非常手段に雪代は遂に捨鉢ちとなる様に止むなくされた」。やがて、「雪代が紅燈街《こうとうがい》に居る」という噂が流れ、彼女は「次第に淪落《りんらく》の淵に落ち込んで」いった。ホノルルに住む男の性欲のはけ口として、「淪落の女」となってしまったのである。

「呼寄ロマンス」はフィクションだったが、ホノルルには、実際に日本人が通う「紅灯街」があり、そこに売り飛ばされる女性もいた。長旅の末ようやくハワイに着いたピクチャーブライドには、必ずしも幸せが待ち受けていたわけではなかった。

心中事件

結婚相手に失望したのは、女性だけではなかった。別の記事によると、ある男は、呼び寄せた妻が「不器量」であることを「恥辱」として、「縫針五本と石油四合」を飲んで自殺しようとした。縫針を「蜜柑《みかん》の袋へ五本も挿し込んだ」状態で一気に飲み込んだとあるが、記者はその行為を「まるで手品師の業のようだ」と感心している。この男は結婚相手の女性に騙された。若くて美しい女性の写真を「真実」と信じ込み、何年間もこつこつと貯めた金を使って彼女を呼び寄せたのである。幸運にも一命は取りとめたものの、その後、彼はどのような生活を送ったのだろうか。(21)

アメリカで生まれた二世も日本から嫁を呼び寄せた。ただし、この場合は、適齢期の女性が不足しているからというよりは、同じ郷里出身の女性と結婚して欲しいという親の希望による場合が多かった。本人の意思にかかわらず、親が日本にいる親族と相談して結婚を決めてしまった。

一九一九年にオアフ島のワイアナエのサトウキビ農場で心中事件が起こった。ある晩、十九歳の岡本賢一と十八歳の上田かをるという若い二世の男女が劇薬を飲んだ。ふたりは人知れず熱い仲になっていたが、双方の両親は結婚を認めなかった。そんな折、賢一の両親は郷里の広島にいる親族に頼んで、彼のために嫁を呼ぶことに決めてしまった。賢一は親が決めた縁組を断れず、日本から来る新妻の渡航許可を得るための呼び寄せ証明書を日本領事館から取り寄せた。いよいよ花嫁を迎える日が近づいたある晩、かなわぬ恋に絶望した賢一とかをるはそれぞれの家族や友人に遺書をしたため、命を絶ったのだった。[22]

また、日本人移民すべてが忍耐強い模範的な労働者ではなかった。「呼寄ロマンス」の芳太郎の例が示すように、どうしようもない荒くれ連中も少なくなかったし、犯罪に手を染める者も現れた。ホノルル市警の統計によれば、一九一九年にホノルル市で逮捕されて有罪となった者三六七七名中一二一一名が日本人だった。その大半は男性で、ばくちや詐欺などの容疑だった。むろん、日本人をはじめとするアジアからの移民に対して偏見の強い時代だったから、不当逮捕も多かった。[23]それでもホノルルの日本領事館は移民のなかに不良男が少なくないことを憂い、「外人に対し体裁よろしからず」と日本政府に訴え、まともな移民を送って欲しいと懇願することさえあった。[24]

生活の破綻

このように、日本人移民の生活は、必ずしも安定した幸せなものではなかった。二十世紀初期のハワイの日本語新聞には、生活の破綻を示す事件が数多く載っている。かけ落ちした女性もいたし、亭主から逃げて、ひとりで生計を立てていた女性もいた。一方、売春などをせざるを得ない状況に追い込まれた女性もいた。

男たちは、マッジのように忍耐強い者ばかりではなかった。映画のなかで、マッジは多少の酒とばくちを楽しんでいるが、実際に労働者として移民した男のなかには、酒とばくちと買春にあけくれ、仕事ができなくなる者もいた。

日本人移民の歴史は、辛い体験を忍んで今日の地位と幸せをつかんだという成功物語として語られることが多い。しかし、移民たちの経験は多様であり、ついに幸福を手に入れられなかったものも多かったのである。

ストライキ

同じころの日本語新聞には「罷業」と呼ばれるストライキに関する記事がしばしば現れる。移民たちは、農場経営者の意のままに使われていたわけではなかった。ふだんは長時間労働と低賃金に耐えていたが、団結してストライキを起こすこともあった。

『ピクチャーブライド』には「ストをしよう」と日本人労働者が相談している場面がある。ただ、映画では、ストライキは起こらない。ハワイでは実際、十九世紀末から何度もストライキが起こっていた。低賃金と現場監督の悪行に対する不満が原因である場合が多かった。労働者たちは街に出てデモ行進をしたり、作業を拒否したり、ときには経営者の写真を公衆の面前で焼き捨てた。なかでも、一九〇九年に起こったストライキでは、出身国別の賃金格差の撤廃と賃上げを求め、七〇〇〇人の日本人労働者が三カ月ものあいだ作業を拒否し続けた。

このストライキは、ある程度の成果をもたらしはしたものの、大幅な賃金上昇など、肝心な要求は通らなかった。その後何度もストライキはあったが、なかなか成功しなかった。失敗の大きな要因は、さまざまな国から来た労働者が出身地の違いを超えて連帯できなかったことにある。上に述べたように、経営者側は意識的に労働者を差別化し、賃金や住宅などの待遇に格差を設けて、連帯心が生まれるのを阻んでいた。労働者のあいだにも、出身地別の違いをことさらに強調する傾向があった。とりわけ、日本から来た移民は、朝鮮半島、沖縄、フィリピン出身の労働者を見下すような態度をとることが多かった。このような差別感情が、いざストライキをしようとした場合に足かせになった。

それでも、何とかして労働環境をよくしようと、労働者たちは幾度も立ち上がった。リヨがハワイに来たとされる一九一八年の日本語新聞には、しばしば「ハナ罷業」に関する記事がある。ハナはマウイ島東端にある小さな町で、今日では「天国のようなハナ」と呼ばれる、高級リゾート地である。当時、ハナには大きなサトウキビ農場があった。そこの労働者が一九一八年一月、ストライキを開始した。日本語新聞によると、経営者側は「労働者の利害得失を後回し」にして、「会社の利得」を優先するだけだから、「労働者は実際立つ瀬がない」ほど困っていた。賃金も低いし、契約も曖昧《あいまい》で、なかには二年間も契約なしで働かされている者もいた。また、労働者の家に、電気工事と称して無断で経営者側の人物が侵入して住居をチェックするなど、「人権を無視」した「不法行為」が続けられていた。(25)

ハナのストライキは経営者側が労働者の要求を頑として拒否したので、なかなか解決しなかった。そのうち、労働者側の連帯が弱まってきた。最初はフィリピン人労働者も数十名参加していたが、やがて脱落し、日本人労働者のあいだのきずなも緩んでしまった。現場に復帰する者が現れはじめ、ストライキは失敗に終わった。

日本陰謀説

この後も各地でストライキが発生し、一九二〇年にはハワイ労働史上、最大規模のストライキが起こった。オアフ島各地の農場で労働者が一斉に立ち上がった。出身国の違う労働者が団結して立ち上がった初めての大規模ストライキだった。フィリピン系労働者二〇〇〇人、プエルトリコ系五〇〇人、日本人労働者五〇〇〇人以上が参加した。しかし、白人経営者側の態度はあくまでかたくなで、要求はほとんど受け入れられなかった。また、各国の労働者間の相互不信は相変わらず根強く、足並みは揃わなかった。経営者は高い賃金で「スト破り」を雇い、労働者間の連帯を分断した（1—14）。

さらに、ストライキに参加した労働者を宿舎から追い出したため、家を失い、路頭に迷う家族が続出した。ちょうどそのころ、全世界でインフルエンザ（スペイン風邪）が猛威をふるっていた。家を失った労働者の家族のなかには、インフルエンザにかかって死亡する者も多数いた。(26)

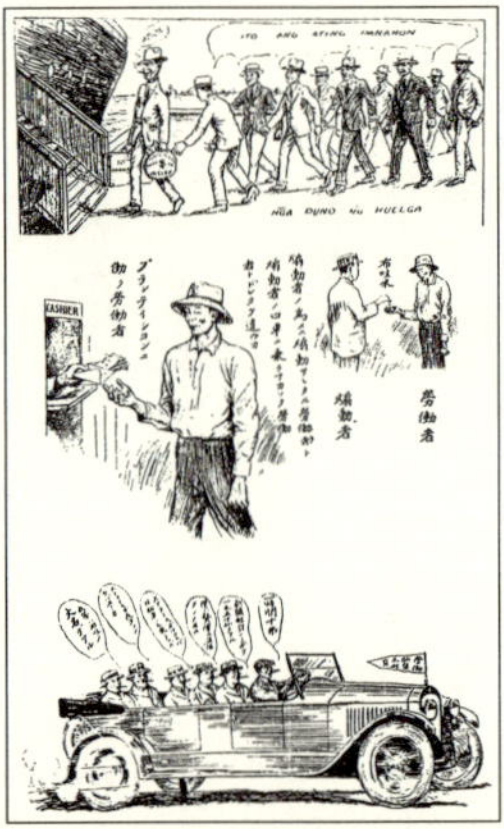

1—14　労働者の団結を防ぐために、経営者側が制作したポスター。労働者が車に乗りながら、「我等ハ布哇ノ大名デアル」、「僕ハ贅沢ニ生活シテ居ル」などと述べている。「祖国での生活と比べたら楽なもんじゃないか、何が不満なのか」という経営者側の尊大な意識がみられる。しかし、労働者たちの生活は決して楽ではなかった。長時間労働、低賃金、プライバシーの欠如など、搾取の例は枚挙にいとまがなかった。しかし、労働者が出身地や民族の違いを乗り越えて、一致団結して資本家とわたりあえるようになるまでには長い年月を要した。
(Hawai'i State Archives)

日本人が中心になったストライキを困難にしたのは、他国出身の労働者との連帯がとれなかったことに加え、アメリカ社会に根強くあった「日本陰謀説」だった。二十世紀に入り、日本が台湾を植民地化し、朝鮮半島を侵略し、第一次大戦後にはドイツの植民地だった赤道以北の太平洋諸島を委任統治領として引き継いだのを見ていたアメリカには、次の目標はハワイではないかという危機感があった。一九二〇年のハワイの総人口は約四割が日本人移民とその子孫だった。多数の日本人の存在を利用して、ハワイを乗っ取ろうとしているに違いないと考えるアメリカ人は少なくなかった。一般市民から政府の高官にいたるまで、このような疑念を抱いており、日本人労働者がストライキを起こすたびに、日本政府の陰謀だとみなされたのである。(27)

アメリカ国旗を掲げて行進

一九二〇年のストライキのときにも、ホノルル市内で発行されている白人向け英字新聞は次々と「日本政府背後説」を唱えた。「ミカドの臣民」が「ハワイの主要産業を乗っ取り、アメリカの領土であるハワイを支配しようとしている」と論じ、読者の不安をあおった。(28)

アメリカ政府は日本人社会に対する警戒を強めた。日本人社会の指導者たちを「危険人物」としてリストアップし、行動を監視していた。教師、医師、僧侶、組合活動家などはほとんど無条件に「危険」と判断された。日本人は決して同化しようとせず、「日本政府に忠誠を誓っているので信頼できない」。アメリカ政府と世論は不安を抱いていた。[29]

日本陰謀説が唱えられるなか、日本人労働者たちは、自分たちはハワイを領有するアメリカに忠誠であり、アメリカ建国の理念である正義を求めているに過ぎないと反論した。デモ行進のときも、アメリカ国旗を掲げ、ジョージ・ワシントンやアブラハム・リンカーンなどの肖像画を抱えて歩いた。しかし、地元の英字新聞は、「アジア人が勝手にアメリカの象徴を使う」ことに激しい非難を浴びせるばかりだった。[30]

ホレホレ節

サトウキビ畑で働く労働者の一日は辛く長いものだった。かれらは、苦しい作業を共に乗り越えるため、よく歌を歌った。

サトウキビの葉を茎から切り落とす「ホレホレ」と呼ばれる作業のときに、日本人の労働者はよく「ホレホレ節」を歌った。ホレホレにはたいてい女性が従事していたから、歌は女性の気持ちを代弁していることが多かった。農場によっていろいろな種類があったが、日本への望郷の念や、ハワイでの作業の辛さなど、移民たちの感情を、素直に即興的に歌い上げたものだった。

行こかメリケンよ、帰ろか日本
ここが思案のハワイ国
ハワイハワイとよ、夢見て来たが
流す涙もキビのなか
雨は降り出すよ、洗濯物は濡れる
背中の子は泣く、まんまは焦げる
横浜出るときゃ涙で出たが
今じゃ子もある孫もある

このような歌を共に歌うことで、互いをいたわりあい、仲間としての意識を高めていった。同時にホレホレ節は、生活は苦しくて大変だけれども、「今じゃ子もある孫もある」ハワイで生きていくという決意を示す歌でもあった。

日本からやって来た移民たちは、やがてひとつのまとまったコミュニティを築き上げていった。子供たちが日本語を忘れないようにと、日本語学校を設立した。布哇大神宮のような神社や、浄土真宗、日蓮宗、曹洞宗などの寺が建てられ、お盆や正月には多くの人びとがお

1—15　1925年ころ、ホノルル市内で撮影された鯉のぼり。1924年の移民法で日本からの移住が事実上不可能になると、日本人移民とその子供たちはハワイを「ふるさと」として強く意識しはじめた。生活を積極的にアメリカ化していこうとする運動がある一方で、日本人コミュニティを築いて、しっかりと伝統を守っていこうとする努力もあった。5月5日の端午の節句は一大行事であり、大きな鯉のぼりがハワイの各所で風に舞った。(Hawaiʻi State Archives)

1—16　1920年代、ホノルル市内で催されたひな祭りに着物姿で集まった日系の少女たち。大半はハワイで生まれたアメリカ国籍の子供たちと思われる。このようにして、日本人コミュニティの一員としての意識を身につけていった。一方で、レイをかけている少女もいるのがハワイらしい。
(Hawaiʻi State Archives)

参りに行った。ひな祭り、端午の節句、盆踊り、灯ろう流しなど、日本の年中行事をハワイでも続けた（1—15～16）。味噌や醤油を使って日本食を作った。家の中では靴を脱ぎ、食事のときは箸を使った。

日本人のための銀行を設立し、日本人のための病院を作った。日本人野球リーグを作り、日本人水泳チームを結成した。日本人が経営するホテル、雑貨屋、理髪店、銭湯、写真館、料理店、豆腐屋、蒲《かま》鉾《ぼこ》屋、時計屋、本屋、薬局、洋服屋、自動車工場などがあった。日本の映画や演劇を見せる劇場もできた。日本人の有志が集まり、地元のラジオ局から放送時間を買い取り、日本語放送を開始した。ハワイ内外のニュースを報道する日本語の新聞が何種類も発行されるようになった。

移民の子供たち

こうして、さまざまな民族が住むハワイのなかに、「日本人」コミュニティができあがった。この「日本人」としての意識は、日本に住む「日本人」のものとは異なった過程を経て形成されていた。

日本人移民とその子供たちのアイデンティティは、日本人以外の集団と日常的に接触するなかで作られた。日本人労働者は、同じ農場に住むポルトガル人、ノルウェー人、コリアン、中国人、フィリピン人などと接しながら、かれらとの差異を見出すことで、「日本人」としての自己を意識していた。経営者側が出身国により仕事内容や賃金を差別化したため、このような気持ちはさらに強められた。「同胞」という意識は、「異国」の者が身近にいるからこそ意味を持つようになる。

「日本人」としての意識を持つことは、子供が生まれるとさらに重要になった。アメリカ国内で生まれた子供には、原則として全員アメリカ国籍が与えられる。移民の子供の国籍は、親が何人であれ、基本的に「アメリカ」だった。[31] もちろん、人種差別の概念が根強く残っていた時代なので、「アメリカ人」だからといって、全員が平等に扱われたわけではない。たとえば、移民の子供たちと、アメリカ本土から来た白人の子供たちは、しばしば別の学校で教育を受けていた。

1―17　さまざまなエスニック・グループ間の対立や緊張がみられたハワイ社会だが、戦前から「人種のるつぼ」としても知られていた。1935年ころに撮影されたこの写真には、アジアとハワイを連想させる衣装を着た３人の少女が仲良く写っている。３人ともおそらくアメリカ生まれの「アメリカ人」だが、同時に、彼女たちは身近な「他者」との差異を感じながら、個別のエスニック・アイデンティティを確立していった。
(Hawai'i State Archives)

日本人移民の子供はアメリカの公立学校に通い、日本語より英語の方が得意だった。日本に行ったことのない子供の方が多かった。そのような状況のなか、日本語学校に通ったり、餅つきや盆踊りなどの日本的な年中行事を行ったりすることで、他の民族との差異を意識し、「日本人」としての自覚を持つのだった（1―17）。

「日本人」であると同時に「アメリカ人」

かれらは「日本人」であると同時に常に「アメリカ人」であることを意識しなければなら

ない境遇にあった。アメリカ政府は日本人移民とその子供たちの忠誠を疑い、日本人社会を危険視していたので、自らの権利を守るためには、自分たちが「アメリカ人」であることを主張しなければならなかった。他の移民との関係においては「日本人」としての団結意識を持つ一方で、アメリカ領土に住む「アメリカ人」としての意識も持つようになっていった。

ハワイで「日本人」らしさを主張することは、必ずしも「非アメリカ」を意味するわけではなかったのである。日本から持ち込んだ風習を維持しながら、アメリカ領であるハワイの文化、慣習、言語などを少しずつ取り入れていった。

ところで、日本国内では、身近な「他者」と接して、かれらとの差異を明確に感じながら、「日本人」としての意識を持つようになることはあまりなかった。もちろん、開国以来、日本は外国と日本の違いを強く意識してきた。しかし、日本国内における「日本人」としての意識は、「他者」との出会いを通してではなく、周囲が、皆、自分と同じ日本人であるという前提のうえに成り立っていた。周囲にいる人びとが自分と同じ言葉を話し、同じ慣習を守り、同じような身体の動きをすることは当然だと考えられていた。そうでない者には、北海道におけるアイヌや沖縄の人びとの体験が示すように、強制的に同化が強要された。戦前の皇民化教育は、天皇のもと全員が同じ臣民であることが強調された。教育勅語、運動会、唱歌、標準語など、ひとつひとつが「日本国民」を作り上げる装置として作用していた。

日本国内における「日本人」アイデンティティは、国民全体の同一性を強調して、周囲と自己のあいだにある境界線を曖昧にし、「日本人」という意識のもとに半ば強制的にまとめようとするものだった。だから、日本国内の「日本人」は当然「日本国民」であるという等式が成立した。他方、ハワイの日本人移民とその子供たちは、他者との差異を浮き彫りにするために「日本人」としての意識を抱いた。とりわけ、移民の子供たちは、「日本人」であると同時に「アメリカ国民」であったから、「日本人」は「日本国民」であるという等式は成立しなかった。むしろ、「日本人」でありながらも、「ハワイ市民」、「アメリカ国民」としての意識を強く抱くようになっていった。

帰化不能外国人

実際、移民たちの文化は、少しずつ本国のものと異なるようになっていった（1―18）。たとえば、「お座敷ホレホレ節」と呼ばれる歌には、日本語の歌詞に加え英語（サンデー：日曜日）とハワイ語（カーネ：夫、ワヒネ：女・妻、アイカネ：友人、ホレホレ：葉を落とす）が挿入され、さらにピジン（pidgin）と呼ばれる独特の英語（カチケン：cutting cane〈サトウキビを刈る〉）も織り込まれている。この「お座敷ホレホレ節」は日本に住む「日本人」の歌ではない。ハワイという、日本の外にある土地の文化のなかから生まれた歌である。

日本出るときゃよ、ひとりで出たが
今じゃ子もある孫もある
花嫁御寮でよ、呼び寄せられて
指折り数えて五十年
カネはカチケンよ、わしゃホレホレよ
夫婦そろって共稼ぎ
明日はサンデーじゃよ、ワヒネを連れて
アイカネ訪問と出かけよか

1—18　マウイ島にある真言宗法光寺。ハワイの仏教寺院は、キリスト教会のように毎週日曜日に「礼拝」を行うところもある。信者は説教を聞き、「賛美歌」を歌う。建築スタイルは、窓や屋根飾りなどに19世紀のアメリカン・ゴシックを取り入れていて、一見したところアメリカ国内にあるキリスト教会と変わらない。(Y. YAGUCHI)

とりわけ、一九二四年にアメリカ議会を通過した移民法で日本からの移住が事実上不可能になると、日本との心理的な距離は以前よりも大きくなった。アメリカで反日感情が高まるようになると、日米両方の国籍を持っていた二世のなかには日本国籍を離脱する者も現れた。日本人コミュニティの指導者のなかには、日本人移民の「アメリカ化キャンペーン」を推進する者もいた。和服を脱ぎ捨て、洋服を着ることを奨励する服装改善運動や英語習得のためのレッスンなどが積極的に行われるようになった。

その一方で、一世がどれほど「完全」なアメリカ人になろうと努力しても、そこには大きな壁があった。一九二二年、連邦最高裁判所が日本人の一世を「帰化不能外国人」と判断したため、一世はアメリカの国籍を取得できなかった。いくら心理的・文化的に「アメリカ化」したとしても、法的にはアメリカ人になれないという矛盾した状況にあった。ようやく帰化が認められるようになったのは、第二次世界大戦後の一九五二年だった。

4　戦後の日系アメリカ人

「オリエンタル」

ハワイにおける日本人移民とその子供たちの文化は、ハワイ島内の社会状況や日本・アメリカ間の国際関係のなかで、形成されていった。こうした状況に大きな影響を与えたのが、次章で詳しく取り上げるように第二次世界大戦だった。戦争がはじまると、アメリカ国籍である二世を中心に、アメリカ人としての忠誠を示すことが重視され、日本人コミュニティのアメリカ化も急速に進んだ。戦後、戦場から戻った二世の多くは、兵役についた者に与えられる奨学金を利用して大学や大学院で学び、やがてハワイ社会の中核を担う存在になっていった。かれらの多くはアメリカ人としての意識とプライドを持っていた。

終戦直後の一九四五年十一月、日系二世の若者がホノルルにある会員制レストランで入店を拒否された。水泳のスター選手として有名だったキヨシ・ナカマが、同じく花形の水泳選手だった白人の友人ビル・スミスと、アウトリガー・カヌー・クラブで昼食をとろうとしたところ、「オリエンタルの入場を許可しない不文律がある」と拒否されたのだ。(32) 「日本人」コミュニティが「日系アメリカ人」のコミュニティへと急速に変化していたのにもかかわらず、かれらに対する不信感や偏見は根強く残っていた。白人の会員たちが「オリエンタル」（東洋人）を拒否したのは、主に日系アメリカ人を排除するためだった。当然、ホノルルの日本語新聞はこの事件を大きく報じた。

興味深いことに、この事件を最初に報じたのはホノルルの『スター・ブリティン』という英字紙だった。一連のやりとりに憤りを覚えたスミスの父親が、ブリティン紙の記者に一部始終を語ったのだった。記事はアウトリガー・カヌー・クラブの対応に批判的なものだった。

戦前のストライキの際には「日本陰謀説」を唱え、日本人を糾弾していた新聞が、今度は「ハワイで人種差別を許してはならない」というコメントを掲載して、クラブ側に適切な対応を求めたのだった[33]。

その後読者から、記事に賛同する声が次々とよせられ、結局、数日後、クラブはナカマに謝罪をし、アジア系排斥の不文律を改めることを検討すると約束した[34]。

「日本人」の当選

終戦直後のハワイには、相変わらず日系アメリカ人に対する偏見はあったものの、人口の多くを占めるかれらの存在は政治的にも経済的にも無視することができないものになっていた。一九五四年のハワイ議会選挙では、日系アメリカ人一四名が当選し、ハワイが州に昇格した一九五九年の選挙では、ダニエル・イノウエが日系アメリカ人としてはじめて連邦議会下院議員に選出され、さらに六二年には上院議員に当選した（1—19）。スパーク・マツナガも下院議員に当選した。

このとき、日本の新聞はハワイの「日本人」の当選に大いに注目した。日本語を話すマツナガ議員にはNHKが電話でインタビューを行ったが、ここでもやはり、「日本人」と「日系アメリカ人」の混同がみられた[35]。日本でイノウエやマツナガが注目を浴びたのは、「日本人の血」を持ち日本語ができるからだった。しかし、当人たちにとって、「ジャパニーズ」というアイデンティティは、ハワイやアメリカにおけるかれらの立場を示すものに過ぎなかった。第二次世界大戦でアメリカ兵として戦ったイノウエらは、アメリカ人であるという意識を持ち、あくまでもアメリカに対する忠誠を重んじる。戦争中に「日本人」として差別を受けた二世のなかには、日本への関心をまったく示さない者もいるほどである。

ところが、日本から見ると、日系人は自分たちと同じ日本人に思えてしまう。同じような顔立ちで、同じような苗字を持っているから、「血」を分かちあう「同胞」であり、自分たちと価値観を共有しているに違いないと考えてしまうのである。

一九六〇年代半ば、日本人のハワイ旅行がはじまったころ、ハワイは同じ「日本人」がい

1—19　ダニエル・イノウエは1924年、ホノルル市内で生まれた。43年に日系アメリカ人で構成される第442連隊の一員となり、翌年イタリア戦線でドイツ軍との戦闘中に右腕を失う怪我を負った。帰国後、弁護士資格を取得し、ハワイが州になる59年、連邦議会下院議員に当選、62年には上院議員となった。リチャード・ニクソン大統領をめぐるスキャンダルを調査したウォーターゲート委員会での活躍は今日でも高く評価されている。イノウエはハワイのみならず全国的にも抜群の知名度を誇る、戦後のアメリカを代表する政治家である。写真は連邦議会に初当選したときのイノウエ。
(Office of Senator Daniel Inouye)

るから「安心」な場所であると宣伝された。当時出版されたあるガイドブックは、ハワイの歴史をひととおり説明した後、「ハワイの歴史とは言えないが、日本人移民一〇〇年の歴史をここで省略することはできない」として、日系移民の歴史を別に説明していた。日系移民の歴史は日本人のもので、ハワイのものではないと考えられていたのである。[36]

このガイドブックには「ハワイで会った人」というコラムがあり、ハワイに住む人びとが紹介されていた。そのひとりは「広島県出身」の女性だった。ところが、彼女はハワイ生まれの日系アメリカ人であり、「この年になるまで日本を知らんのよ」と語っている。親は広島出身であるが、彼女自身は日本には一度も行ったことがない。にもかかわらず、「広島の人」と紹介されていた。同じガイドブックの「ハワイ体験記」コーナーには、ある日系二世の男性運転手が「おんぶ」のことを「おっぱい」と勘違いしていたというエピソードが披露されている。日本語を十分に理解しない日系人が、「不完全な日本人」としておもしろおかしく紹介されているのである。[37]

三世、四世の時代

日系社会の中核が三世や四世となり、日本語を話せる人の方が少なくなった今日でも、ハワイは「日本人」がいるから「身近」で「安心」という意識は根強く残っている。ハワイッ

1—20　墓石のデザインには遺族の文化が反映される。マウイ島のパイアという町にある万徳寺には、22歳で亡くなった女性の墓がある。「中村弥太郎妻ハツ」は「広島県安佐郡仲村字大塚」の人となっている。夫と一緒にサトウキビ農場で働いていたと思われるハツは不幸にも若くして亡くなり、遠いハワイの地に「広島の人」として埋葬された。
(1—21とともに、Y. YAGUCHI)

1—21　ホノルルの郊外にあるナカタ家の墓石はハツのものと対照的だ。二世と思われるリュウイチとタマノの名には漢字がない。日本の出身地もない。“In Loving Memory” という、日本の墓石にはみられない表現が刻まれている。名前を除けば日本的な要素はまったく感じられない。

アーに来た旅行者が、出迎えの日系人の日本語が下手なのを聞いて不思議がることもあるという。しかし、今日のハワイの日系人は「日本人」ではない。かれらが「日本人」としての意識を持っていたとしても、それは日本に住む日本人と「同胞」であるという意味ではない。多様な民族が住むハワイ社会のなかで、「日本人」がひとつのまとまりを持つ集団であるということを確認するための意識なのである。ハワイの「日本人」は、あくまで「ハワイのジャパニーズ」である（1—20〜21）。

最近の若い日系の世代は「ジャパニーズ」という意識とともに、「ローカル」であるという意識を大切にするようになっている。それは、「日本人」という血を重視するアイデンティティではなく、「ハワイ」という土地に根ざした意識である。四世、五世の代になると、ハワイに住む他の民族の子孫とも言語や生活スタイルに大きな差はない。また、日系の若者のあいだでは、異なる民族の人と結婚する「外婚」の率が非常に高い。このような状況のなか、「日系」「中国系」「ハワイアン」などという民族的な出自よりも、ハワイのなかにある独特の方言や慣習を共有する「ローカル」であることが重要視されているのである。

事実、ハワイの「ローカル」である日系アメリカ人は、アメリカ本土に住む日系人ともさまざまな面で異なっている。日系アメリカ人は、アメリカ本土ではマイノリティだがハワイでは白人についで数が多いといわれている。イノウエ上院議員の例からも明らかなように、政治的にも経済的にも大きな力を有している一方、「多数派」である日系に対して強い批判もある(38)。

日本ではアメリカに住む日系アメリカ人のことを、「同じ日本人」と考えてしまいがちだ。しかし、ハワイの日系人の歴史は日本国内の日本人やアメリカ本土の日系アメリカ人の歴史と同じではない。かれらはハワイ社会のなかで、先住民族のハワイアンや他の国々から来た人びとと交流しながら、自分たちの社会を形成してきた。そして、いまや「ハワイのジャパニーズ」であると同時に、「ハワイのローカル」としてハワイに生きているのである。

第II章

リメンバー・パール・ハーバー

H A W A I ‘ I

1　パール・ハーバー攻撃の日

ローラ・ブラウンの一九四一年十二月七日

一九四一年十二月七日は日曜日だった。その朝、ホノルルはいつものように晴れていた。高校生のローラ・ブラウンは、母親と一緒に出かける準備をしているところだった。医者の父親はホノルル市内で仕事をしており、妹はホノルルから一〇キロメートルほど西にあるパール・ハーバー（真珠湾）のそばに住む友達のところへ遊びに行っていた。

七時四五分ころ、ローラは極端に高度を下げた飛行機が頭上を飛んでいくのに気づいた。いつものようにアメリカ軍の訓練機だろう。それが日本軍の戦闘機だとは夢にも思わなかった。

九時四五分、見知らぬ男が突然家にやって来て、「大丈夫ですか」と声をかけた。「もちろん、大丈夫ですよ、何のことですか」とローラの母親は答えた。すると男は、「ご存知ないんですか。ジャップが今朝パール・ハーバーを攻撃したんですよ」と言った。

酔っ払いがしらふに見えることもあるんだ、とローラは思った。そして、だんだんと怒りがこみ上げてきた。日曜日の朝、いきなり人の家にやって来て脅かそうとするなんて、なんて失礼な人！　まったくどういうつもりなんだろう。

しかし、男はどうみても酔っていない。いや、一生懸命に、真実を伝えようとしているようだ。

ローラが事の重大さを理解するまで、しばらく時間がかかった。攻撃が本当だとわかると、すぐにパール・ハーバーにいる妹のことが頭に浮かんだ。

具体的な情報はいつまでたっても入ってこない。夕方になり、やっと父親が帰って来た。一日中、攻撃で重傷を負った怪我人の足や腕の切断手術をしていたのだった。靴もズボンも血で汚れ、シャツはカフスまで血みどろになっていた。

何も食べる気になれなかったが、家族三人で、妹のことを考えながら、黙って冷めた夕食をとった。ローラは夜中、暗いベランダに座り、パール・ハーバーの方向に見える「花火」のような炎をじっと見つめ続けていた。あの「地獄の火」のなかで、妹は何をしているのだろう。どうして今まであんなに喧嘩をしたんだろう。どうしてもっと優しくしてあげなかったんだろう。その夜はまんじりともせず、不安な気持ちで一夜を明かしたのだった。

祈りが通じたのか、月曜日の朝、妹は無事に帰って来た。家族は大喜びだった。しかし、興奮がおさまると、だんだんと昨日の朝からの騒ぎの意味がわかってきた。「これは……戦争だ[1]！」

リチャード・ホルビーの一九四一年十二月七日

私立高校の寄宿生だったリチャードにとって、十二月七日はとりたてて変わりばえのしない日曜日になりそうだった。いつもと同じ時刻に起きた。食堂で朝ごはんを食べ、教会に行くしたくをするために部屋に戻ろうとしたそのとき、砲弾が頭上を不気味な音を立てながらパシフィック・ハイツ地区の方向へ飛んでいった。次の瞬間、パシフィック・ハイツは燃え上がった。あっけにとられ、砲弾が飛んで来たパール・ハーバーの方を振り返った。

「パール・ハーバーで何かが起こったぞ！」

「オアフが攻撃されているらしい！」

「訓練じゃない、本物だ！」

攻撃の翌日から、リチャードの高校の授業は中止された。代わりに彼は寄宿舎の向かいにある墓地で作業する人に食事と飲み物を届けることになった。かれらは黙々と、長くて深い穴を次々と掘っていった。幌をつけたトラックがひっきりなしにやって来ては、穴に入れる「荷物」を降ろしていった。今度は別のトラックが来て、その「荷物」を入れる棺を大量においていった。

墓で作業する男たちが平然と食事をしているのが、リチャードには信じられなかった。「荷物」はバラバラになっていることもあり、手や足をあれこれと組み合わせて棺の中に入れなければならない場合もあった。リチャードはその様子を見て、子供のときにやったパズルを頭に浮かべた。作業を毎日続けている男たちの目はどんよりとして、生気がまったく感じられなかった[2]。

ローラ・ブラウンとリチャード・ホルビーの体験は、ふたりがパール・ハーバー攻撃の二年後に、高校の授業の宿題として提出した作文に記されたものである。普通の高校生が体験した十二月七日の様子を、生々しく伝えている。

一方、ハワイ大学の図書館に残されているホノルル市警の記録には、パール・ハーバーの攻撃で犠牲になった一般市民の情報が残されている。

H・ウエノという日系人の記録には、名前の横に「空爆の犠牲者九番」と記されている。記録紙の中央に、二センチ四方の枠が上下五個ずつ、計一〇個ある。上の枠五つには、それぞれ、〈amp〉というアルファベットが書いてある。下の枠には、左手の指紋が捺印され、その下に、タイプで一行、「四一年十二月七日、病院で処置、右腕切断」とある。〈amp〉とは英語でいうアンピュテート、つまり切断である。

さらに、「切断」という言葉の横に手書きで訂正が施され、「ブローン・オフ」、つまり

「吹っ飛ばされた」とある。次々と怪我人が運び込まれてくるなかで、腕が既に「吹っ飛ばされていた」のか、その後の手術で切断されたのかもわからないほど、当日は混乱をきわめていた。[3]

2—1　空爆後のホノルル市内。賑やかな商店街だったキング・ストリートとマッカリー・ストリートの交差点近辺に、米軍の対空砲が落下した。不意打ちを受け、なすすべもなく死んでいった兵士の悲劇ばかりが強調されるが、ホノルル市内でも48名の一般市民が命を落とし、多数の怪我人が出た。(University of Hawai'i War Records Depository/Honolulu Star Bulletin. 以下 WRD/SB と略す)

2—2　空爆後のホノルル市内の学校。火災の危険を考えて、たくさんのものが運び出されている。地面には書類などが散乱していて、当日の混乱がうかがえる。(WRD/SB)

車を運転して通勤途中のジョン・アダムスは、突然の爆撃に巻き込まれて死亡した。彼の乗っていた車は銃弾の跡でボコボコになっていて、大きな穴だけでも三〇ほどあった。タイヤはパンクし、窓はグシャグシャに割れてしまった。同乗していた父親と友人も死亡した。(4)

このような悲劇が起きた「十二月七日」は、ハワイでは特別な日として記憶されている(時差があるから日本では十二月八日である)。日本軍による数時間の攻撃で死亡した人の数は二四八八人にのぼった。その大半はパール・ハーバーにいた軍関係者だったが、アダムスやウエノのような一般市民も、四六名が巻き添えになった。怪我をしなかったローラやリチャードにとっても忘れられない一日となった(2―1〜2)。

パール・ハーバーの十二月七日

一九四一年、アメリカ合衆国との戦争を決意すると、日本政府は最初の攻撃目標をパール・ハーバーに定めた。

十一月下旬、日本の艦隊はハワイ北東海域に向けてエトロフ島ヒトカップ湾を出撃した。アメリカに動きを察知されないよう、細心の注意が払われた。十二月七日早朝、艦隊はオアフ島の北方四〇〇キロに到達した。午前五時五〇分、淵田《ふちだ》美津雄《みつお》中佐が率いる第一次攻撃隊の戦闘機が次々とオアフ島に向かって飛び立った。

2—3　日本軍の戦闘機が落とした爆弾が弾薬庫に引火し、大爆発を起こしながら炎上する戦艦アリゾナ。1177名の兵士が犠牲になった。この写真はアメリカの「不名誉の日」を刻印する一場面として、今日まで数多くの出版物に掲載され、アメリカ人の心に焼きつけられている。(National Archives)

そのころ、パール・ハーバーにはアメリカの太平洋艦隊の船が一三〇隻近く結集していた。なかでも、太平洋艦隊に所属する主要軍艦九隻のうち、七隻がそこに停泊していた。また、近隣の海軍や空軍基地には、たくさんの戦闘機が配備されていた。

宣戦布告もされていなかったから、ハワイではその日、日本が攻撃を仕掛けてくるとは誰も思っていなかった。オアフ島に設置されたレーダーが、戦闘機の一群を捉えたときも、担当者はアメリカ本土から来た仲間の飛行機だと思い込んでいた。日本軍の戦闘機の第一陣は、午前七時五五分、難無くパール・ハーバーの上空に到達し、まもなく容赦ない爆撃を開始した。

アメリカ軍はまったく虚を衝かれたかたちとなった。日曜日の朝ということもあり、多くの兵士は寝坊をしたり、教会に出かける準備をしたりしていた。日本軍の突然の攻撃になすすべもなかった。

攻撃開始の一五分後、停泊中の戦艦アリゾナ号が大音響とともに爆発した（2—3）。日本の戦闘機から投下された爆弾が、艦の弾薬庫に引火したのだ。アリゾナ号はあっという間に沈没した。乗組員の多くが逃げ遅れ、一一七七名が艦とともに海底に沈んだ。戦艦オクラホマ号も、四〇〇名もの乗組員を乗せたまま横転した。戦艦カリフォルニアとウェスト・ヴァージニアも撃沈され、その他の船も大きな被害を被った。

日本軍はパール・ハーバーの太平洋艦隊を爆撃する一方で、近隣の軍事施設にも攻撃を加えた。何百もの米軍戦闘機が炎上し、数多くのアメリカ兵が命を失った（2—4）。

2—4　パール・ハーバー内にあるフォード・アイランド。突然の攻撃で破壊された味方の戦闘機を、兵士たちが呆然と見つめている。左下に立つ兵士は「ロシアが攻めてきた」と勘違いしたという。「地上から手榴弾を投げれば届くのではないかと思うほどの低空飛行で」日本軍は容赦ない攻撃を続けた。
(National Archives)

しばらくすると、爆撃機の第二陣が到着し、パール・ハーバーと近隣の基地に執拗な攻撃を続けた。

午前一〇時ころ、日本軍が引き上げると、後に残ったのはメチャメチャに破壊された軍港と基地だった。沈没した船舶は一二隻、破壊された戦闘機は一八〇機を超えた。死者の多くは、リチャード・ホルビーが昼食を差し入れた男たちによって掘られた急造の墓に埋葬された。

軍事基地ハワイ

日本軍がパール・ハーバーを攻撃したのは、そこがアメリカの最重要軍事基地だったからである。アメリカ軍を先制攻撃で叩いて弱体化させ、アメリカの戦意をそぐことが目的だった。

パール・ハーバーの軍事化は既に十九世紀末にはじまっていた。一八九三年、ハワイ王朝がクーデターによって倒され、翌年ハワイ在住の白人を中心にハワイ共和国が樹立された。四年後の九八年、共和国はアメリカに併合された。併合の直接の契機となったのは、アメリカとスペインのあいだに起こった米西戦争である。一八九八年に勃発したこの戦争はスペインやアメリカ国内で戦われたわけではなかった。戦闘はもっぱらキューバなどのスペインの植民地で起こり、軍事力に勝るアメリカが圧勝した。その結果、スペイン植民地だったプエルトリコ、フィリピン、グアムなどがアメリカ領となった。ハワイは、アジア諸国へ向かう格好の「中継地点」として併合されることになった（地図）。

太平洋のほぼ中央に位置するハワイは、単にアジア貿易の中継地点としてだけではなく、アメリカの軍事的覇権を確保するため格好の場所であるとみなされた。当時の欧米の軍事戦略家たちは、ヨーロッパにおけるイギリスの重要な軍事拠点と比較して、ハワイを「太平洋のジブラルタル」と呼んだほどだった。[5] アメリカ政府は既に一八七〇年代からハワイの軍事

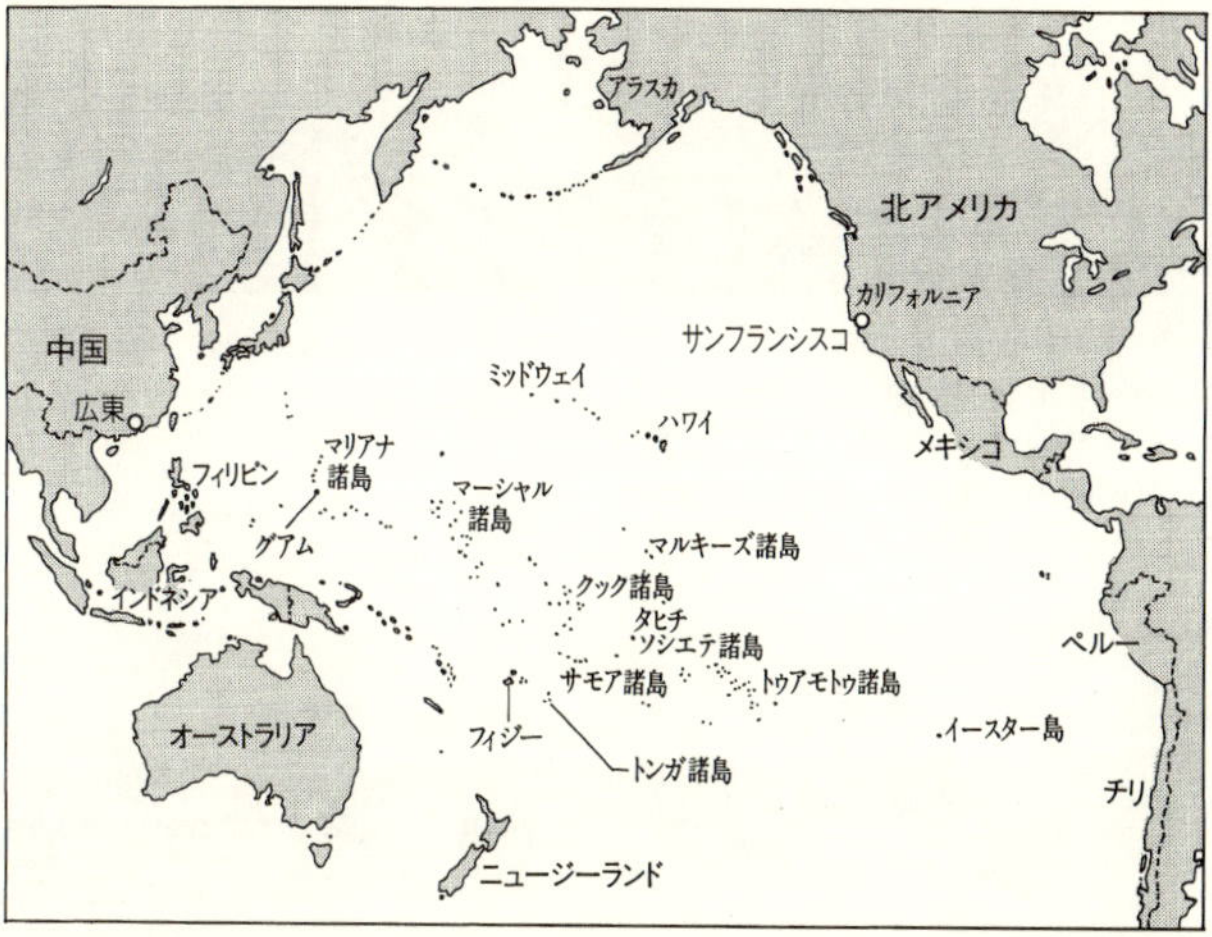

19世紀半ば以降、アメリカはカリフォルニア、アラスカ、アレウト列島などの環太平洋地域とともに、ハワイ、ミッドウェイ、サモア、グアムなどの太平洋諸島、そしてフィリピンを獲得し、太平洋地域での覇権を確立した。

的な意義を十分に認識し、一八八七年以降はパール・ハーバーの周辺を海軍の補給基地とすることをハワイ政府に認めさせていた。後にアメリカ大統領となったセオドア・ローズヴェルト（在任一九〇一―〇九）などは、米西戦争勃発以前から、「明日にでもハワイの島々をアメリカに併合すべきだ」と主張していた。[6]

対日戦略の拠点に

そのような軍事戦略的な動機があったので、アメリカは一八九八年七月にハワイ併合を決めると、早速軍隊を派遣した。そして、ダイヤモンド・ヘッドにアメリカ兵が駐屯するようになっ

2―5　19世紀末以降、パール・ハーバーはアメリカ合衆国の主要軍事基地として開発が進められた。浚渫が開始され、ネイティヴ・ハワイアンの養殖池は姿を消した。写真は1919年に完成した乾ドック。ここでは海軍の船の修理が行われた。(Library of Congress)

2―6　1921年6月21日にハワイで行われた第11砲兵連隊の訓練の様子。写真には「すべての車が指示どおりに動き、列はまったく乱れなかった。これほど完璧な動きにはほとんどお目にかかることはできない」と自慢気に説明がされている。戦前から毎日のようにハワイ各地で軍事訓練が行われていた。(Library of Congress)

た。湾の入口が狭く、水深のあるパール・ハーバーは、もともとプウロア（長い丘）と呼ばれる地域で、ネイティヴ・ハワイアンの養殖池があった。しかし、一九〇一年から浚渫《しゅんせつ》が開始され、近代的な軍港として生まれ変わり、その後正式にアメリカの海軍基地となった（2―5）。

パール・ハーバーの近辺にも次々と海軍や陸軍関連の軍事施設が建設され、第一次世界大戦のころには、ハワイは太平洋上の一大軍事基地となっていた（2―6）。

だから、一九四一年の十二月にアメリカの太平洋艦隊がパール・ハーバーに集結していたのは偶然ではなかった。アメリカ政府は日米間の交渉を見て、遅かれ早かれ、日本との戦争がはじまるだろうと予想し、準備をはじめていた。ローラ・ブラウンが頭上を低い高度で通り過ぎる飛行機に気がついても、よく見ようとしなかったのは、アメリカ軍の戦闘機が毎日のようにホノルル上空で訓練をしていたからだった。日本軍はこのようなアメリカ軍の戦闘態勢を逆手にとり、先制攻撃を仕掛けたのであった（2―7）。

2―7　1940年にハワイの基地で撮影されたこの写真は、戦争直前のハワイの様子をよく示している。きれいな海と椰子の木でいっぱいの「南国の楽園」であると同時に、アメリカ軍の最重要基地のひとつとして、日本との戦争に向けて兵士が集められていた。（毎日新聞社提供）

パール・ハーバーとその周辺の基地は攻撃で著しい被害を受けたが、アメリカ軍にとってハワイの軍事基地としての重要性が薄れたわけではなかった。むしろ、日米戦争がはじまると、大切な戦略的拠点としてますます重みを持った。破壊された基地の復興はすぐに開始され、軍艦や戦闘機の修理も急ピッチで進められた。パール・ハーバーを叩くことでアメリカ軍を弱体化させようという日本軍のもくろみは見事なまでに裏切られた。

2　戒厳令下のハワイ社会

緊急事態

日本軍の戦闘機が上空に現れてから約八時間半後の午後四時半、アメリカ政府はハワイに戒厳令を布いた。ハワイを敵から守り、領土内の治安を維持するという名目で、行政権や裁判権などが軍隊に委ねられた。戒厳令は一九四四年十月二十四日まで続いた。第二次世界大戦中、ハワイはほとんど戒厳令下にあったわけだ。シビリアン・コントロールが大原則であるアメリカ合衆国という「民主主義」国家の一部に、約三年間も軍事政府がおかれたのである。

戒厳令が布告されると、すべてが軍の管理下となった。軍が必要とすることは、すべて即座に実行された。ホノルル市内にある公園の半分近くは軍用施設の建設用地として接収され、学校も軍事施設に様変わりした。オアフ島は土地の三割近くを接収された。

裁判権は軍事法廷の管理下に入った。罪を犯したとみなされた者は逮捕令状なしで拘束され、裁判では軍の裁判官が判決を言い渡した。弁護人がつかないことも多く、被告は控訴することもできなかった。一度有罪判決を受けてしまうと、軍による恩赦以外に判決が翻されることはなかった。戦争という「緊急事態」の名のもとに、人びとの自由は著しく制限されるようになった。

住人には門限が設定され、日暮れ以降、自由な外出は認められなかった。灯火管制がかなり厳格に実行され、軍関係者が「世界でもっとも完璧」と胸を張るほどだった。日が暮れると灯りがほとんどなくなり、食事も暗闇のなかでとらざるをえなかったし、もちろん本を読むことなどできなかった。窓に黒幕を張り、鍵穴を塞ぎ、完全に外から見えないようにすれば灯りをともすことはできた。しかし、エアコンのない時代のハワイである。外気を遮断すると、暑くてたまらなかった。灯りが外に漏れたというだけで、処分を受けた人も少なくなかった。

住人には身分証明書の携帯が義務づけられた。そして、指紋押捺が強制された。門限より遅く外出する場合には、特別許可証も携行しなければならなかった。

検閲も行われた。すべての新聞が軍による検閲の対象となり、日本語のラジオ放送は禁止された。私的な手紙まで調べられ、問題のある箇所は検閲官が黒インクで塗りつぶした。たとえば、ハワイに派遣されたアメリカ軍兵士が休みの日に、本土で待つガールフレンドに宛てた短い葉書には「今、ロイヤル・ハワイアン・ホテルの前の有名なワイキキビーチにいます。前にも書いたように、とっても美しいところで、ぼくは毎月ここに遊びに来ます。叔母さんによろしく」と書いてあった。ところが検閲官は「ロイヤル・ハワイアン・ホテル」と「ワイキキ」という箇所を真っ黒に塗りつぶした。ハワイにいる兵士の動きが一切外に漏れないよう、神経質なまでに注意が払われていた。(7)

電話の盗聴も行われた。検閲官が理解できるように、電話の会話はすべて英語で行うことが義務づけられた。英語が苦手な移民一世にとって、これはたいへんな苦痛だった。会話の内容も極端に制限され、たとえば、天気に関する会話は禁止された。敵にハワイの天候を知られないようにするためだった。

軍需景気に沸く

住人にとってパール・ハーバー攻撃は寝耳に水だったから、もう一度、日本軍が攻撃を仕掛けてくるのではないかという不安が広まった。「これだけでは済まないだろう」、そんな気持ちを誰もが持っていた。もしかしたら、今度は毒ガス兵器で攻めてくるかもしれない。そんな不安を少しでも和らげるために、軍政府は住人全員に防毒マスクを配布し、常時携行を義務づけた(2—8)。

実際、再び日本軍が攻めてくる可能性は高かった。(8) 各地でアメリカ軍の苦戦が伝えられていた。一九四二年六月のミッドウェイ海戦でもしアメリカが負ければ、ミッドウェイからハワイまではすぐだから、日本軍は必ず攻めてくるだろう。

しかし、ミッドウェイではアメリカ軍が勝利を収めたので、以後日本軍のハワイ侵攻の可能性はきわめて低くなった。にもかかわらず、灯火管制は一九四三年まで、戒厳令は一九四四年十月まで継続された。さらに、戒厳令が撤廃された後も、ハワイは「軍事地域」に指定され、軍による保安条例のもとで、門限などの規制は続けられたのだった。

戒厳令が布かれた直後から、ハワイにはたくさんの兵士がやって来た。その数は一〇〇万人にものぼるといわれている。さらに、軍需景気に沸くハワイで働こうと、一〇万人もの労働者がやって来た。それまでのハワイは人口が二六万ほどで、外から入って来る人の数は限られていた。一九二四年に米国議会で移民法が改正されて以来、アジアから労働者が移住することは難しくなっていた。アメリカ本土からの人口移動もあまりなかった。ごく少数の観光客の流れを除くと、外の世界から隔離された社会になっていた。そこに、突如として兵士の集団が一気に流れ込んできたのである。ホノルルの街などは、ど

2—8　戒厳令布告後、さまざまな規則が設けられた。一般市民は毒ガス攻撃に備えて、防毒マスクの携行が義務づけられた。写真は「防毒マスク訓練」に参加した３名の女性。しばらくマスクをかぶっていると目が痛くなり、頭もくらくらしてきたという。腰にはマスクを入れる袋をさげている。(WRD/SB)

2―9　あらたな攻撃に備えてしばしば避難訓練が行われた。1943年11月に行われた訓練時の写真。ダウンタウン地区に避難勧告が出され、市外へ向かうバスに人びとが乗り込むところ。市民と軍人でぎゅうぎゅう詰めだった。戦争中はどこに行くのにも大混雑だった。（WRD/SB）

こもかしこも大混雑となった（2―9）。

ハワイはアジアや太平洋の戦場とアメリカを結ぶ中継地点だったから、多くの若者がハワイから戦場に向かい、生き残った者はハワイを経由して故郷に帰って行った。たとえば、戦争も終結に近づいた一九四五年の春には、約五五万人のアメリカ軍兵士が太平洋にいたといわれるが、その多くがハワイに戻って来る予定だった[10]。

将来の南部のあるべき姿

アメリカ各地からいろいろな兵士がやって来た。都市出身者もいれば、過疎地域から来た者もいた。北東部出身者と南部出身者が同じ部隊になることもあった。人種やエスニシティも多様だった。アングロ・サクソン系、イタリア系、ポーランド系、ネイティヴ・アメリカン、黒人。今までほとんど交流のなかったアメリカの若者たちが、ハワイに来て同じ部隊の仲間になった。

かれらのなかには、多様な民族が暮らすハワイ社会を見て、大きな刺激を受けた者もいた。

とりわけ、厳格な人種隔離政策が行われていたアメリカ南部から来た兵士たちにとって、ハワイは驚きだった。ハワイにも民族間の対立がないわけではなかったし、日系アメリカ人をはじめとするアジア系住人やネイティヴ・ハワイアンに対する差別意識も強く残っていたが、アメリカ南部に比べると、人種や民族間の境界がずいぶんと曖昧だった。南部では問題視されていた異人種間結婚も、珍しいことではなかった。「ハワイと南部は昼と夜くらいの違い」があると感じられるほどだった[11]。こうした環境に、白人兵士の多くが反発を覚えた一方で、黒人兵士のなかにはハワイに将来の南部のあるべき姿を見、感銘を受けた者もいた。

ハワイにやって来た兵士たちはすぐに戦場に向かったわけではない。かれらは命令を待ち続けた。いつ出撃命令が下されるかは戦況次第だった。一ヵ月、二ヵ月、三ヵ月と待たされることもあった。しかし、いったん命令が下れば、死が待っているかもしれない。レイテ、ミッドウェイ、ガダルカナルなどから血なまぐさいニュースが入ってくるたびに、若い兵士は次は自分の番かもしれないと思うのだった。

また、ハワイは戦いを生き抜いた兵士たちが戻って来る場所でもあった。死と直面し、多くの仲間を失い、戦争の狂気を目の当たりにしたかれらはさまざまな傷を負っていた。怪我をしていた者もいれば、心に深い傷を負った者もいた。自暴自棄になっている者も少なくなかった。ハワイに住む日系人の姿を見るだけで、日本人に対する恐怖がよみがえり、気が狂ったように叫びだす者もいた(12)。かれらの多くは、一時の休息の後、再び戦地へ送られることになっていた。戦時中のハワイには、生と死のはざまで宙ぶらりんになっている若い男たちが何万人もいたのである。

売春街の兵士たち

兵士たちはいろいろな思いで戦闘を待っていた。アメリカの正義を信じて、自らを奮い立たせる者。海を見つめながら物思いに耽《ふけ》り、戦争の意味を考える者。兵士用に準備されたホテルに泊まりながら、のんびりとビーチに寝転んでいる者。遠くの家族や恋人にひたすら手紙を書き続ける者。大半は、壮絶な戦闘シーンを思い浮かべながら、ヤケクソな気持ちで束の間の休息を過ごす男たちだった。明日訪れるかもしれない死を前にして、彼らは酒を飲み、女を買った。

兵士が大量にやって来たため、若者の男女比が著しく不均衡になった。年頃の女性ひとりに対して男性は一五〇人、五〇〇人、一〇〇〇人などといわれた。とにかく、若い女性との出会いはまれだ。

だから、多くの男たちは、女性を求めて、ホテル・ストリートと呼ばれるホノルル市内の売春街に向かった。まず、近所のバーで酒をがぶ飲みし、酔っ払う。次に、性欲を高めるためポルノ映画を見る。そして近くの店で三ドルを払い、女を買うのだった。ホテル・ストリートを訪れる兵士の数は毎月二五万人にものぼった。戦争中、兵士たちをあてこんだプロの売春婦がアメリカ本土から何人もハワイへやって来た。彼女たちは一時間に一五〇〇人もの男を「処理」していた（2―10）。売春は必要悪としてハワイの軍事政府に認可されていたのである[13]。

2―10　売春宿の前に並ぶ兵士の列。一ブロックをぐるりと囲んでもあまりある長蛇の列。ホノルル市内のホテル・ストリート一帯には安酒場やストリップ・バーなど、兵士向けの娯楽施設が立ち並んでいた。血気盛んな若い男たちが集まり、異様な雰囲気だった。女性はどこに行っても、このような男たちの視線に耐えなければならなかった。レイプ犯罪は戦前より減少したといわれているが、戒厳令が布かれるなか、単に報告されなかったり、握りつぶされたりした事件が無数にあったと推測される。(National Archives)

アメリカ国内では、一九四一年に兵士向けの売春行為が禁止されたのにもかかわらず、戒厳令下のハワイだけは例外だった。売春婦は軍によって定期検診を受けることが義務づけられ、兵士に性病がうつらないよう細心の注意が払われた。

ダンスパーティ

もちろん、より「健全」なかたちでの出会いもあった。兵士たちは「フラダンス」の見学を楽しんだり、

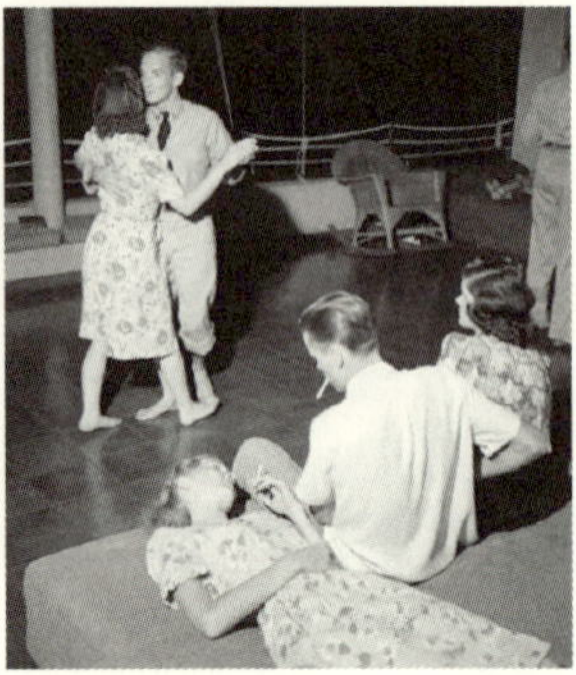

2—11　軍主催のパーティ。海軍の写真家が撮影した。「軍は自由な出会いの場を提供しています」というイメージの演出を感じさせる。男女比が著しく不均衡だったハワイでは、自由に女性と出会える確率は低かった。女性と会話をして、あわよくば手を握る。こうしたチャンスを求めて、男たちは大挙してパーティに出かけた。(National Archives)

軍が主催する地元の女性とのダンスパーティへ行ったりした（2—11）。

何百人もの兵士の相手を数十人の女性が交代でした。ほんの数分間でも、女性の手をとって踊ろうと、毎週のように多くの兵士がダンスパーティにやって来た。ダンスの相手をつとめる女性たちにとって、次々と何時間も男たちと踊るのは、楽しいというより、疲れることだった。しかし、彼女たちの多くは、戦場に向かう兵士の心を癒そうと、真剣な義務感をもって踊っていたという[14]。

一方で、このような大量の若い男性の存在は、地元の女性にとって脅威であった。道を歩くだけで次々と兵士たちに声をかけられ、嫌な思いや恐怖を感じることも珍しくなかった。外を歩くと、すぐに複数の兵士たちがやって来て、「さあ、どこに行こうか」などと言いながら、女性の腕をとって連れ去ろうとすることもあった。戦時中のレイプ犯罪の数は戦前より減少したが、それは報告される件数が減っただけだった。あまりにも危険なので、娘のひとり歩きを禁ずる親も多かった。戒厳令下では、軍隊と兵士の利益が最優先され、ハワイの

女性の権利は十分に守られていなかった。(15)

3　戦時下の日系人

「ジャップのくそったれ」

戒厳令が布告されたのは、日本の侵略からハワイを守るためだけではなかった。日本人移民とその子供たちにも疑いの目が向けられていたからだ。移民の本格化から半世紀を経て、日系人はハワイ経済に不可欠な存在となっていたが、戦争がはじまると、信頼できない「敵国人」とみなされた。戒厳令は日系人社会を監視・統制するための手段でもあった。ミッドウェイ海戦でアメリカが勝利を収め、日本軍による侵攻の可能性がほぼなくなった後も戒厳令が解除されなかったのは、アメリカ軍が日系人を信用していなかったからである。

戦争が開始された当時、ハワイ人口の約四割が「日本人」だった。もちろん、ハワイで生まれた二世や三世はアメリカ国籍を持っていたが、社会的には「ジャパニーズ」と呼ばれていた。

一九四一年十二月七日は日系人にとってもショッキングな一日だった。誰もが突然の攻撃

2—12　ある戦艦内で撮影された反日系プロパガンダ。「船の後方に広がるサトウキビ畑で収穫されたものには手をつけるな。毒が盛られている可能性大」と黒板に書かれている。サトウキビ畑では多くの日系人労働者が働いていたので、このような疑いが向けられた。むろん、畑での収穫物に実際に毒が盛られたことなどなかった。(Bettmann/CORBIS JAPAN)

に驚き、戸惑い、そして悲しんだ。ウサブロウ・カタモトは、その日、ホノルル市内にいた。遠くで煙があがっているのが見えたが、何が起こっているかはわからない。「敵の攻撃だ」という声がしたとき、とっさに「日本軍だ」と思ったが、そんなことは信じたくなかった。しかし、ホノルルの上空をゆく戦闘機がアメリカ軍のものでないことは一目瞭然だった。胴体部分に日の丸がくっきりと浮かんでいたのである。[16]

カタモトは日本生まれの一世だが、日本へ帰る予定はなく、ハワイに骨を埋めるつもりだった。ハワイ社会のなかでは「ジャパニーズ」だったが、アメリカに忠誠心を感じていた。

戦後、ハワイ州選出の連邦上院議員となるダニエル・イノウエは、十二月七日の朝、上空を飛ぶ日本の戦闘機に向かって、大声で「ジャップのくそったれ」と叫んだという。[17]

しかし、日系人以外の人間にとって、ハワイに住む日系人と、攻撃を仕掛けてきた日本人との差は明確でなかった。攻撃直後から、日系人は日本軍に協力していると疑われた。「あれほどの規模の奇襲が、ハワイからの情報提供なしで遂行できるはずはない」「この島にスパイがいるに違いない。それどころか、ここのジャップたちは攻撃を事前に知らされていたんだ」「ジャップが、沖にいる日本の軍艦に懐中電灯で信号を送っていた」「ジャップが軍の飛行場で飛行機を破壊していた」「ジャップが水道に毒を入れている」「ジャップの女がアメリカ兵を誘惑し、機密情報を入手している」といった噂がまことしやかに流された。[18] もちろん、これらはすべてデマだったが、ハワイの日系人には強い疑いの眼差しが向けられ続けた(2—12)。一世の男性がカバンを持って歩いているだけで、日本人スパイだと思われ、軍事当局に調べられたこともある。日系人が経営する店に対する不買運動が起きた地区もあった。[19]

日系人に対する恐怖と不安

当時、ハワイ島に住んでいたヘレン・ナッドソンは、パール・ハーバーが攻撃された直後の子供時代を振り返り、どれほど日系人に対する疑いが強かったかを歴史家のベス・ベイリーとデヴィッド・ファーバーに語っている。

彼女の家には一八年間働き続けていた日系人の家政婦がいた。攻撃の直後、ヘレンが家に帰ると、その家政婦は台所の蟻《あり》を退治したいので、殺虫剤を購入して欲しいとヘレンに頼んだ。「普段なら、何も考えないで買ってきたけれど、そのころは日本人が毒を盛って皆殺しにするんだという噂が流れていた」ので、ヘレンは恐ろしくなった。しかし、家政婦を疑っていると悟られてはいけない。どうすればいいだろう、と悩みながら店まで行ったところ、幸い殺虫剤は売り切れていた。「やれやれ」と思っていると、なんと、翌日の朝、家政婦がどこかで殺虫剤を見つけて購入してきたではないか。その夜、毒が効いてそのまま死んでしまってもいいように、ヘレンは一番きれいなパジャマを着て寝ることにした。

もちろん、翌朝も、その翌朝も、ヘレンは元気に目が覚めた。日系一世や二世がハワイに住む他のアメリカ人に攻撃を加えたり、サボタージュをしようとすることはなかった。しかし、ヘレンのような幼い子供でさえも、気心の知れている家政婦に殺されるのではないかと思ってしまうほど、日系人に対する恐怖と不安がハワイ社会には広まっていたのである。(20)

強制収容所

日系人に対する恐怖心は、民間レベルだけではなく、政府にもあった。日本との戦争がはじまると、アメリカ政府はアメリカ西海岸に住む日本人移民とその子供たち約一〇万人を強制的に立ち退かせ、内陸の収容所に送り込んだ。ハワイの日系人も、同じように強制収容すべきだという声が強かった。しかし、人口の四割にもなる日系人を根こそぎ立ち退かせてしまうと、社会そのものが麻痺してしまう。とりわけ、サトウキビ産業は大きな打撃を受ける可能性が高かった。

また、一世や二世がいなくなると、製造業、運輸業、サービス業など多方面で労働者の著しい不足が予想された。ハワイでは、たくさんの若者が軍に入隊したため労働者の数が減少していた。日系人労働者がいなくなれば経済が立ち行かなくなるのは確実だった。

それでも、日本語学校の教師、僧侶、ジャーナリストなど、日系社会の指導者とみなされた者は、「危険人物」として、西海岸の日本人と同様、アメリカの内陸にある強制収容所へ送り込まれた。その数は約一五〇〇人にのぼった（2―13）。

日本の戦闘機を見て初めて戦争を知ったウサブロウ・カタモトも、強制収容されたひとりだった。彼の兄は日本海軍に所属していたのである。戦争がはじまる前、乗船している軍艦がホノルルに寄港すると、兄はよく弟の住まいを訪れ、楽しい一時を過ごすのだった。

ふたりの関係を把握していた軍事政府は、パール・ハーバー攻撃の当日に、カタモトを危険人物として拘束した。彼はまずホノルル市街の対岸にあるサンド・アイランドに収容された。不衛生な部屋に閉じ込められ、アメリカ軍兵士の銃剣に脅かされる日々が続いた。その後、アメリカ本土へ送られ、戦争が終わるまでニューメキシコ州の強制収容所に収監された。兄が日本海軍の兵士であるという理由だけで、四年近くも砂漠のなかの建物に拘束され続けたのだった。[21]

2—13　ハワイで生まれたヒロシ・ホンダは幼少時に日本の親戚の養子となり、日本で教育を受け、7年間の軍人生活を送ったあと、39年ハワイに戻った。パール・ハーバーが攻撃されたときは、ホノルル市内にある日本語学校で教師をしていた。怪我人の手当てをして血まみれで帰宅すると、まもなく連邦警察が身柄を拘束しに来た。日本で従軍経験があり、日本語を教えていたホンダは、「危険人物」と判断された。ホノルル沖のサンド・アイランドの仮収容所へ送られた後、最終的にはカリフォルニア州のトゥール・レイクの強制収容所に収監された。とくに危険と目された「帰米日系人」（日本で教育を受けた日系アメリカ人）が多く入れられたところだった。画家でもあったホンダは、キャンプ体験を題材にした絵画を約50枚残している。「トゥール・レイク・キャンプ：荒れ模様の空」（▲）には、収容所を覆う陰鬱とした雰囲気が感じられる。「キャンプの外で：テーブルのまわりで休憩する男たち」（▼）は、何年ものあいだ収容所に閉じ込められていた男たちの日常を描いている。(Honolulu Academy of Arts)

ハワイに残された日系人も、「ジャパニーズ」というだけで疑いの眼差しでみられたから、戒厳令の規則をできるだけ厳格に遵守しなければならなかった。一九三〇年代以降、ハワイの議会では日系の政治家なども数人活躍していたが、戦時中は基本的に一切の政治活動を自粛した。また、「敵国人」である日系人には特別な規制が課せられた。不動産売買が禁止され、預金引き出し額が制限されるなど、自由な経済活動ができなくなった。

さらに、スパイ活動防止のため、軍事施設近辺での労働が禁止された。酒類販売の許可証は没収され、武器、火薬、カメラ、短波ラジオの携帯も禁止された。自由に旅行することも認められなかった。門限は他の住人より早い時刻に設定され、決められた時間以降に無許可で外出していた場合、即座に逮捕された。

日本を連想させるものを処分

戦争がはじまるまで、自分を「アメリカ人と信じて疑わなかった」ローレンス・サカモトは、当時のことを次のように回想している。

在住日系人の地位はまことに妙なものになってしまった。自分ではアメリカ人になり切ったつもりである。アメリカのために武器をとって戦うこともあえて辞さない。祖国ではあるが日本の来襲を憎んでいるのである。宣戦布告もせずに攻めかかって来たのだから、明らかにこれは騙まし討ちだ。私達のことも考えのなかに入れているのだろうか。アメリカには三〇万の日系米人がいる。真珠湾の奇襲は明らかに私達を無視したやり方ではないか。無視しているばかりではない。ハワイ在住の日系米人の額に一人残らず不信任の烙印を焼きつけた暴挙だ。私達は公憤に駆られた。アメリカ軍に参加して日本の誤謬《ごびゅう》を叩き直さなければ承知できないと考えたのである。

それにもかかわらず周囲の眼は日本人を許そうとしなかった。何をしたってジャップはジャップだ。あいつらに近づくな。また真珠湾奇襲を繰り返されてたまるものか。〔中略〕「日本人はサボタージュを陰謀しているぞ」「あいつらは第五列の手先になっている」。私達はそういった悪意の噂を毎日のように聞いた。あまりのでたらめに堪忍袋の緒を切って反駁した。しかし無駄なのである。私達をしょげかえらせるにはただ一言「何をジャップが」と言いさえすればよかった。(22)

「非国民」「スパイ」などという疑いの眼差しを向けられた日系人社会は、必死になってアメリカへの忠誠心を示そうとした。十二月七日の攻撃直後、日系人の多くは家庭内にある「日本」を連想させるものを処分した。神棚を取り外し、家宝の日本刀を土に埋め、日本語の本や雑誌、日本の親族の写真を焼き捨てた。ひな祭りや盆踊りや灯ろう流しなどの年中行事も取り止めになった。正月の餅つきも行われなかった。和服は洋服にとってかわられた。日本語の姓を変えた人が二〇〇人以上いた。キムラはケアロハになり、ナカムラはマクファーレンになった。名を変えた人は二〇〇〇人を超えた。タケシやヨウコという名前が、ダニエルやエレンになった。[23] 日本に忠誠を感じているとしても、それは決して見せてはならない感情だった。

戦争をきっかけに、日系人社会は変化した。それまではアメリカ社会にとけ込んで「アメリカ人」になることを推進しながらも、「ハワイに住む日本人」としてひとつのコミュニティを築いていた。とりわけ、一世の指導者を中心に強いきずなが保たれていた。しかし、戦争がはじまると一世の力は急速に弱まった。アメリカで生まれ育ち、アメリカの文化や風習、英語に慣れている二世の力が相対的に強まっていった。二世を先頭に、日系人が名実ともに「アメリカ人」であることを示す努力が意識的になされた。

日本語新聞

ハワイの日本語新聞は、日本が中国を侵略し、アメリカの警戒心が強まるにつれて、二世や三世が「日本人」ではなく「アメリカ人」であることを主張してきていたが、パール・ハーバー攻撃をきっかけに、アメリカへの忠誠心と愛国心の必要を盛んに説きはじめた。攻撃翌日の一九四一年十二月八日の『布哇報知』には「これぞ我らの戦い」という社説が掲載され、「国籍、人種の如何を問わず、ハワイの住民は米国に忠誠を誓い、各自が疑いをかけられることなきよう行動せねばならぬ」と書かれていた。(24)

ハワイで発行されていたすべての新聞は、攻撃直後の九日から約一ヵ月間発行が停止された。戒厳令発令後、軍隊による統制が確立されるまで、メディアは報道すること自体許されなかったのである。なかでも日本語新聞は再刊を危ぶむ声もあったが、軍の厳しい監視のもと、翌年の一九四二年一月から発行がようやく再開された。記事の多くはいっそうアメリカに対する愛国や忠誠を説いた。

『日布時事《にっぷじじ》』は社説で「日本人公民協会会長ジャッキ若山」の言葉を掲載した。彼は「今や我々の忠誠が最高の試練に附される時が来た」と主張し、「我々は米国人であり、また米国人が共通目的に対するがごとく我々の役割を為し得るよう立証しようではないか」と呼びかけた。そして、日本語を話したり日本の衣服を着たりせず、また、日本国籍の一世の「思想及び行動を取り締まり、またかれらの生活を米国式に順応させる」よう努力すべきだと述べた。そして、「軍隊に志願せよ、なぜ徴集されるまで待つか」と二世男性の入隊を促した。(25)

日本語新聞は、「日本軍の蛮行」や「日本軍の非人道極まる残虐」などに関する記事を次々と掲載し、読者の日本に対する敵愾心《てきがいしん》を煽《あお》るとともに、「米海軍大勝」「日本艦隊大敗北」などのような見出しの記事を載せ続けた。イタリア戦線などから送られてくる日系兵士の「勲功」を詳細に報じて、アメリカ国民としてのプライドを示した。

アメリカ軍に志願

2―14　1943年４月、高校卒業と同時に入隊した日系人の若者たち。日系人部隊は、ヨーロッパのもっとも激しい戦闘地帯に送られた。多くの死傷者を出しながらも勇敢に戦い、伝説の部隊として名を馳せた。にもかかわらず、アジア系の兵士に対する差別意識が強かったため、日系人兵士で軍の最高勲章（Medal of Honor）を授与されたのはひとりだけだった。アメリカ政府は2000年にようやく、ダニエル・イノウエ上院議員など、日系アメリカ人退役軍人20名に最高勲章の追加授与を決めた。また、日系アメリカ人のなかには、日本語能力を生かして諜報活動にあたり、米軍に貴重な情報を提供した者もいた。しかし、その活動内容は長いあいだ軍事機密とされていたため、知られてこなかった。（WRD/SB）

逆風の世論のなか、日系二世は積極的にアメリカ軍に志願した。先のローレンス・サカモトのような若者には「もはやそれ以外に救われる方法はないように思われた」のである（2―14）。息子や兄弟が軍に入隊すると、家族は「入営御礼」という通知を日本語新聞に掲載した。ハワイ出身の日系二世の兵士は第一〇〇大隊を構成し、ヨーロッパで勇敢に戦った。

戦闘で負傷した兵士に贈られるパープル・ハート勲章を授与された兵士の数は一七〇三人にものぼった。日本語能力を買われ、諜報部隊に参加して日本軍の暗号を解読したり、通訳として働いたり、捕虜の尋問にあたる者もいた。

一九四三年にアメリカ軍がハワイの日系人一五〇〇人を兵士として募ったところ、一万人以上もの二世が応募し、約二七〇〇人が入隊を許された。これらの兵士に、アメリカ西海岸出身の日系二世グループが加えられ、新たに統合された第一〇〇大隊の兵士とともに後に第四四二連隊が作られた。かれらはフランスやイタリアなどの、もっとも危険な戦闘地域に送り込まれ、伝説の部隊として軍事史に残るほど勇猛果敢に戦った。部隊で戦った日系二世七五〇〇人中、七〇〇名が戦死し、七〇〇〇名が手や足を失い、さらに一〇〇〇名が重傷を負った。ハワイ出身の兵士で、戦闘中に負傷した者の八割までが日系二世だった。日系人兵士はそれほど危険なところで戦っていたのである。

日本軍がパール・ハーバーを攻撃した日、「ジャップのくそったれ」と叫んでいたダニエル・イノウエは、初めから自分が「アメリカ人」であるという意識を強く抱いていた。なぜ日系アメリカ人だけがアメリカへの忠誠心を証明しなければならないのか不満だった。しかし、イノウエは志願して戦う以外に愛国心を証明する方法はないと決意し、第四四二連隊の一員となった。イタリア戦線では右腕を失うという大怪我をしながらも、最後まで「アメリカ人」として戦った。同じく、第四四二連隊に志願したサムエル・ササイは日本軍が「まるで臆病者のように背後から攻撃してきた」ことに腹が立ってしかたがなかった。「ただでさえアメリカ人として受け入れられるために苦労しているのに、ジャップのやつらはなんということをしやがるんだ」と怒りでいっぱいだった。そして、一世の母に「星の旗をよく守りなさい」励まされ、ヨーロッパ戦地へと向かったのだった。[26]

一方、武器を持って戦いこそしなかったものの、「婦人軍人」として軍隊に入隊し、各地の軍事基地で戦闘補助員として働いた日系女性もいた。しかし、大半の女性はハワイに残り、戦争を陰で支えた。彼女たちは、戦場に行った男たちに代わって、農場でサトウキビを刈り、「勝利の庭」と名づけられた畑で野菜を栽培した。父親や夫の帰りを待ちながら、家庭を守り、子供を育てた。看護婦になったり、血液銀行に奉仕したりして、アメリカの勝利に貢献しようとした。陸軍が包帯作りなどをする「ボランティア部隊」を結成したとき、応募者の大半は日系の女性だった。

歓迎すべきニュース

終戦が決まった八月十五日、ハワイの「非常時奉仕委員会」の会長アーネスト・ムライは、日本降伏は「日系米人にとって歓迎すべきニュースである」との声明を発表した。「自由を愛するわれわれ」の「民主主義」が「侵略者」である日本を「打倒」したことは「喜び」であった。またムライは、第二次世界大戦を契機に、日系アメリカ人は「決定的にわれわれの忠義を実行し、米国人社会の重要部分の一つになった」と宣言した[27]。

もちろん、「祖国」日本への思いがすべて消えてしまったわけではない。とりわけ、原子爆弾の投下は、広島県や九州出身者が多いハワイの日系人コミュニティに大きな衝撃を与えた。戦時中の新聞は検閲下にあったので、日系人の率直な反応は紙面には現れていない。しかし、投下直後には「広島被害　日本が是認」「広島市の半分以上荒廃」「長崎全市荒廃に帰す」などという見出しとともに、爆弾が「人間、動物の別なくあらゆる生物を文字通り死滅せしめ」たことが一面で大きく報じられていた。終戦後は、広島や長崎の様子が幾度も報じられた。現地を訪れた記者たちは、「想像さえもおよばぬ惨状」「信じられない惨禍」「死の街そのまま」「信じることもできない恐ろしい現実」などと報じ、日本に住む身内のことが気になって仕方がない日系人も少なくなかった。実際、まもなくすると、親族が広島や長崎で死亡したというニュースが次々とハワイの家族にもたらされたのだった[28]。

戦争中の「アメリカ化」キャンペーンのなかで意識的に隠されていた日本的な生活習慣は、戦後になると多くが復活した。今日のハワイでは家の中では、靴を脱ぐし、料理にはよく味噌や醬油が使われる。盆踊り、灯ろう流しなどの風習も復活し、日本に総本山をおく仏教寺院もたくさんある。日本語の単語も数多く日常生活に使われている。

第二次世界大戦の記憶にもかかわらず、日本という国や文化に親近感を持っている日系人は少なくない。しかし、意識のうえでは、「ハワイの日本人」は戦争を契機に「ハワイの日系アメリカ人」へと急速に変化したと言えよう。皮肉にも、日本軍による攻撃がきっかけで、日系人社会は「アメリカ人」としての意識を強く持ちはじめたのだった。

ハワイのコリアン

パール・ハーバーが攻撃されたとき、ハワイには約七〇〇〇人のコリア（韓国・朝鮮）系住人がいた。その多くは日本が朝鮮半島を併合する一九一〇年以前に来島した移民とその子供たちだった。日系人と比べると数は少なかったが、サトウキビ畑で働いたり、商売をしたりしながら社会に根付いていた。

戦争はコリア系社会にも大きな問題をもたらした。戦争開始時、日本は朝鮮半島を占領していたから、コリアンの住人は「日本人」とみなされた。それゆえ、日系人と同じように「敵国人」としての扱いを受けることになった。

ハワイのコリアンの多くは、祖国が日本による占領から解放され、独立が達成されることを願っていた。たとえば、第一次世界大戦終結後の一九一九年には、ハワイに住むコリアン

2—15　戦債を売るコリアン・アメリカンの女性たち。アメリカとコリアの旗を前に、チマチョゴリを着た彼女たちは、アメリカが勝利を収め、朝鮮半島が解放されることを願っていた。しかし、どれほどアメリカに忠誠を示そうとも、朝鮮半島が植民地であるという理由で、コリア系住人は「日本人」として扱われた。(WRD/SB)

の少女たちが集まって、当時のウィルソン大統領夫人をはじめとするアメリカ、イギリス、フランスの著名な女性たちに何百通もの手紙を書き、朝鮮半島の解放と独立に協力してくれるよう呼びかけた(29)。このような希望を抱いていたコリアンたちは、太平洋戦争がはじまると、ついに念願がかなうのではないかと期待を持った（2—15）。アメリカが日本と戦うことを歓迎する声が圧倒的に強かったのである。

「日本人」と同じ門限

ハワイで生まれた移民の二世のなかには、朝鮮半島の解放とアメリカの勝利のために戦いたいと志願して兵士になる者も多かった。日系人はコリアンの住人に対して強い差別意識を抱いていたから、コリアンの抗日感情はなおのこと強かった。

にもかかわらず、ハワイのコリアンは戒厳令下で「日本人」と同様の規制を受けた。ただし、すべてが同じわけではなく、日系人に禁止された酒類の販売や、カメラやラジオを持つことが許される場合もあった。一九四二年には預金引き出し制限も撤廃された。しかし、このような例外を認めつつも、軍事政府は戒厳令が解除される五ヵ月前の一九四四年五月まで、かれらを「敵国人」として扱い続けた。[30]

ハワイに住むあるコリアンはホノルルの英字新聞に投書して、「日本人はコリアンが日本の一番の敵だと言っている。一方、われわれはアメリカに忠誠を示そうとしているのに、アメリカ人はコリアンを敵として扱う。まったく理解ができない」と訴え、「敵国人」としての扱いを一刻も早くやめるよう求めた。しかし、軍事政府はこのような主張をなかなか聞き入れようとしなかった。[31]

一九四三年三月二十八日の夕刻、コリアン一世のソン・ウソンの運転する車がホノルル市内で故障し、立ち往生した。日系人に課せられた門限の七時四五分を過ぎても、ソンは自宅に帰ることができず、八時一五分ころ警戒中の警官に発見され、即座に逮捕された。

ソンは日本が朝鮮半島を占領する前にホノルルに移住した人物で、後の韓国初代大統領となるイ・スンマン（李承晩）を支持する同志会という団体のハワイ支部長だった。当然、朝鮮半島が日本の植民地支配から独立する運動を熱心に支援していた。にもかかわらず、軍事裁判はソンに「日本人」と同じ門限を課すことを合法とし、有罪を宣告して罰金の支払いを命じたのである。戒厳令を統括する軍知事もソンの境遇には同情を示しながらも、この判決を支持した。コリアンの新聞はこの判決を聞いて、「落胆し、打ちひしがれる」思いであると報じた[32]。

歴史の影

この事件をきっかけに、コリア系住人は例外的に門限の延長が認められるようになった。しかし、軍事政府は公式にはコリアンを「敵国人」として扱い続けた。もっとも大きな理由はアメリカ軍がコリアンの忠誠心を信用できなかったからだった。朝鮮半島は約半世紀ものあいだ日本の植民地だったため、ハワイに住むコリアンのなかには日本語が堪能で、日本に親族が住んでいる者もいた。日本を訪れたことがある者もいたし、日本の大学への留学経験者もいた。アメリカ軍は日本人とコリアンの区別をつけることは難しいと判断し、双方を同等に扱うことの便宜性を主張したのである。

しかし、強い抗日感情を抱き、祖国が日本から独立することを心から願っていたかれらにとって、「日本人との区別がつけられない」という理由で日系人と同じ「敵国人」扱いされるのは辛いことだった。

このように、パール・ハーバー攻撃をきっかけに生活の激変を余儀なくされた「日本人」

のなかには、日本が占領した地域の住人も含まれていた。強制収容などを体験した日系人社会の歴史の影に隠れ、かれらの経験は語られないことが多い。しかし、日本によって祖国が侵略されたうえ、アメリカ社会では「日本人」として「敵」というレッテルを貼られた苦悩は大きかった。

4　戦争の言説

六人にひとりは軍関係者

一九四四年の秋に戒厳令は解除された。翌年には戦争も終わり、ハワイに「日常」が回復した。しかし、ハワイは決してもとの姿に戻ることはなかった。

戒厳令は多くの人びとの生活の自由を奪ったが、それまでのハワイ社会で大きな力を持っていた白人指導者層から一時的にせよ権力を取り上げ、戦後のハワイ社会が変化する契機となった。長いあいだ、ハワイの政治・経済体制は共和党の白人層によって牛耳られていた。サトウキビやパイナップル農場の経営者層の利益が常に優先されてきた。しかし、戒厳令下、かれらの権力は弱められた。また、日系アメリカ人をはじめ、戦場で「アメリカ人」として立派に義務を果たしてきた兵士たちが次々とハワイに戻って来ると、白人指導者層だけが権力を独占し続けることは許されなくなった。

そのようななか、一九四六年に各地のサトウキビ畑で労働者が連帯し、大規模なストライキが起こった。戦前のストライキは常に経営者側の勝利に終わっていたが、初めて労働者が賃上げを勝ち取ったのだった。そして、一九五〇年代後半以降、労働者や非白人層の支持を集めた民主党が圧倒的な力を誇るようになった。

また、戦争中におびただしい数の兵士がアメリカ本土からやって来たことは、その後のハワイ観光ブームのきっかけにもなった。それまで、アメリカ人にとってははるか遠い所だったハワイは、戦争を契機により身近に感じられるようになった。「地獄」の戦地へ赴くまでの一時、兵士たちはハワイでまがりなりにも楽しい時を過ごしたのである。「パラダイス」としてのハワイ・イメージがいっそう広まりはじめた。さらに、戦争が終わるとすぐ、戦時中の軍需景気に代わるものとして、観光施設の拡充や交通機関の整備など、島の観光地化がさらに進められるようにもなった。

しかし、戦争が終わったとはいえ、ハワイはアメリカ政府にとってもっとも重要な軍事基地であり続け、常に戦争の影を引きずってきた。とりわけ、ヴェトナム戦争中は、数多くのアメリカ軍兵士が怪我の療養や一時休暇でハワイを訪れ、第二次世界大戦中と似たような状

2—16　2002年1月8日、アフガニスタン攻撃の任務を終え、パール・ハーバーに入港する空母カール・ヴィンソン（USS Carl Vinson）。一大軍事基地であるパール・ハーバーには毎日のように軍関係の船が入港する。空母の奥に白いアリゾナ・メモリアルが見える。パール・ハーバー攻撃で死亡した兵士を追悼するために、乗組員全員がデッキで敬礼している。(U.S. Navy Photo)

況が生まれた（2—16）。

実際、今日までハワイ諸島には軍事基地が多い。カホオラヴェ島は第二次世界大戦以来、一九九〇年まで軍の射撃訓練場として利用され、一般人は今日まで上陸することが許されなかった。私有地であるニイハウ島にでさえ軍事施設があり、軍関係者が常駐している。パール・ハーバーの近辺に

2—17　2001年2月、オアフ島沖で宇和島水産高校の実習船えひめ丸に衝突し、沈没させた潜水艦グリーンヴィル（USS Greeneville）。衝突後、潜水艦はパール・ハーバーに戻り、基地にあるドックで衝突箇所の修理をうけた。(U.S. Navy Photo)

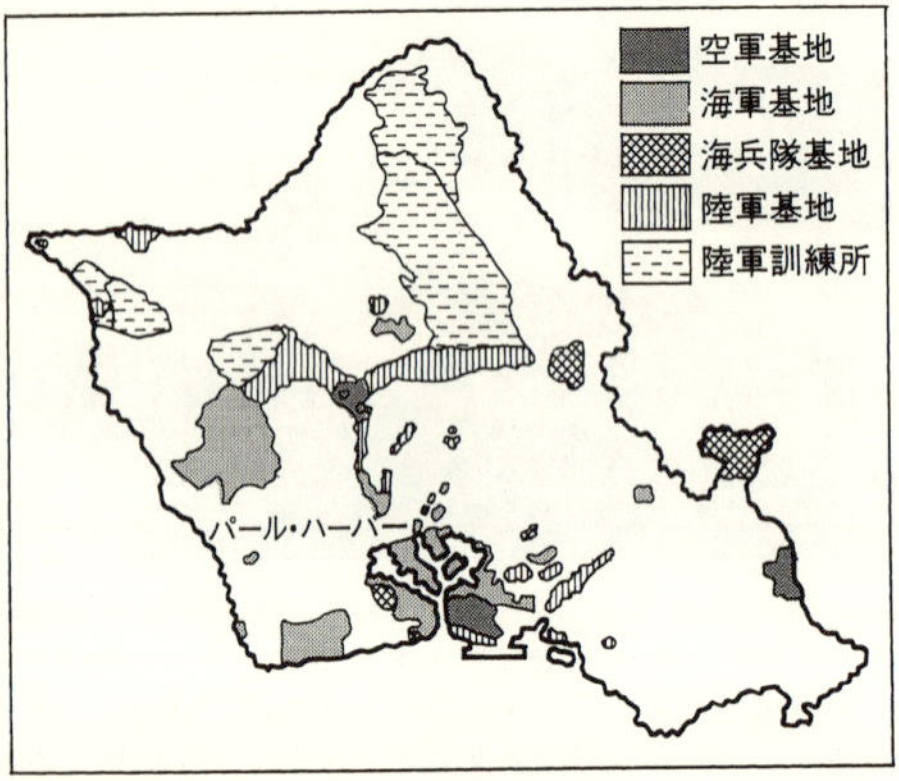

オアフ島の米軍基地

は太平洋艦隊と、太平洋地域の陸軍、海兵隊、空軍を統括する太平洋コマンドがあり、周囲には海軍、空軍、海兵隊、陸軍の基地が集中している（地図）。

二〇〇一年に起こった日本の水産高校の実習船「えひめ丸」と潜水艦グリーンヴィルの衝突事件でも明らかになったように、一大軍事基地であるパール・ハーバーの近辺にはこのような潜水艦が数多く航行している（2―17）。人口約一〇〇万人のオアフ島では六人にひとりが軍関係者であるといわれており、その多くがパール・ハーバー近辺で働いている。ハワイの軍事関連産業は、観光についで二番目に重要な産業である。今日のハワイ社会は軍の存在なしに成立し得ないほど、軍に強く依存している。[33]

人気の観光スポット

軍事基地のパール・ハーバーは人気の観光スポットでもある。日本軍による奇襲攻撃を忘れないために、記念碑が設けられており、アメリカ本土から来る観光客には必見の場所となっている。日本軍によって撃沈された戦艦アリゾナ号を見ようと、毎年一五〇万もの人が訪れる。

アリゾナ・メモリアルは海底に沈むアリゾナ号の上をまたぐように浮かんでいる（2—18）。今日、湾内に浮かぶメモリアルに行くには、まず湾岸にあるビジターセンターを訪れなければならない。ここにある博物館で沈没前のアリゾナ号の模型や乗組員の日常生活の紹介を眺めた後、攻撃に関するビデオを見る。ビデオでは攻撃にいたるまでの日米間の緊張関係や、攻撃に際して日本軍がとった戦略、その威力が紹介されている。攻撃を説明するシーンでは、アメリカの戦艦が日の丸をつけた戦闘機に次々と爆撃されている映像が続く。戦艦アリゾナが爆発するシーンでは大音響が響き、一一七七名の命が一瞬にして散ってしまったことが強調される。

2—18　上空からみたアリゾナ・メモリアル。白い記念碑が海底に沈む戦艦をまたぐようにして浮かんでいるのがわかる。メモリアルはアルフレッド・プライス（Alfred Preis）によって設計され、1962年に完成した。（ハワイ観光局）

ビデオを見た後、外に出て、アリゾナ・メモリアルまで小さな船に乗る。真っ白なメモリアルは、空と海の青さと対照的だ。メモリアルは中が空洞

2—19　アリゾナ・メモリアルまでは海軍所有の小船に乗っていく。メモリアルの長さは約55メートルで、中央から両脇にむかって徐々に高くなっている。設計者プライスによると、「初期の敗北から最終的な勝利までの道のりを力強く表現する」デザインである。個々人が、「それぞれの内面から深い悲しみを感じ取るため」に、悲しみを直截な形で表現することは避けられている。(2—20、2—21とともに、Y. YAGUCHI)

2—20　アリゾナ・メモリアルの内部。空洞になっていて、海に沈む戦艦が見下ろせる。待ち時間が長いため、日本からの見学者は陸にある博物館を訪れるだけですませてしまう人が多い。しかし、アメリカ人のほとんどは、海中に眠る兵士たちを追悼するためにここまでやって来て、静かに海を見ている。毎年12月７日にはここで海軍主催の追悼式が行われる。

2—21　アリゾナ・メモリアルの壁には星条旗が飾られ、12月７日に命を落とした兵士の名前が刻まれている。日本からの見学者は、アリゾナ・メモリアルを「平和の記念碑」と理解することが多い。一方、アメリカ人の多くにとってメモリアルは、「国家のために死んでいった勇敢な戦士」を追悼する悲しみの記念碑であるとともに、「かれらの死を無駄にしないためにも、国家防衛の大切さを忘れない」と決意する、愛国心昂揚の場である。このような視点には、戦争中のハワイの人びとの経験はまったく含まれない。

で、真下に沈むアリゾナ号を見ることができるようになっている。アリゾナ号の中には乗組員の遺体がそのまま残されている。生き残った兵士のなかには、死んだ後ふたたび昔の仲間と一緒になれるよう艦内に埋葬されることを希望する者もいるという。メモリアルの壁の一面には艦内で眠る兵士の名前が刻まれ、その前に花が飾られていて、厳かな雰囲気だ。観光客はバカンス気分を一瞬忘れて、じっと黙禱《もくとう》をしたり、考え込んだりしている。なかには涙を浮かべる人もいる（2―19～21）。日本からの訪問者の多くが、何とも言えない居心地の悪さを覚える瞬間でもある。

国家の対立

『若き数学者のアメリカ』の著者である藤原正彦も、一九七二年にここを訪れたとき、やはりどうしようもないほど複雑な気持ちになったようである。彼はホノルル市内から直接船に乗って行った（今はそのような方法はない）。船上は白人の乗客ばかりで、彼は「間違った船旅に出てしまった」と、しばらくはひどく滅入った気分になってしまった[34]。

しかし、まもなく、彼には別の感情が浮かんできた。船がパール・ハーバーに入り、日本軍によって撃沈されたアリゾナをはじめとする戦艦の情報が次々と船のスピーカーで紹介されると、「今まで滅入った申し訳ないといった感情が私の心からすっかり消えて」しまった。

その代わり、「日本軍の蛮行を聞かされているうちに、自分が乗客全員から責められているような気分」になり、「過剰に居直って」しまったのである。[35]

真珠湾においては確かに日本が一方的に悪かったかも知れぬが、それなら広島、長崎はどうしてくれる。東京大空襲はどうだ。市民に対する無差別大量殺戮そのものではないか。死者数から言っても真珠湾と比較にならぬ。祖父の弟は広島で郵便局長をしていたが、爆心地に近かったため、二日後に駆けつけた祖父も遺体を識別できなかったと聞いたし、恩師のK教授は一家全員を東京大空襲で一瞬に失った。我々はこのことでアメリカを非難したことがあっただろうか。[36]

パール・ハーバーを見ながら彼はこのような憤りを感じ、「絶対に謝るもんか、絶対に謝らないぞ」と心の中で叫んだのだった。[37]

このときの自分の感情を、藤原は後に「急性愛国病」と呼び、初の外国旅行によくみられる現象だと説明する。日本を離れて異国の文化と接すると、「日本が素晴らしく、偉大で美しく見え、気違いじみた心情的国粋主義に、一時的にとりつかれてしまう」と述べている。[38]

しかし、藤原の「急性愛国病」は単に異国に来たから起こったものではない。彼はホノルルに到着後、すぐに「心情的国粋主義」になったわけではなかった。空港の税関でも、ホテルでも、ワイキキの海辺でも、ホノルルのレストランでも、はじめてみる異国の風習にとまどいながらも、興味深そうに眺めていた。むしろ、「急性愛国病」は彼がパール・ハーバーという、国家間に起こった戦争の跡地を目の当たりにしたとき、突如として発生した。

戦争の記憶の中心には、往々にして国家が据えられる。太平洋戦争は、アメリカ合衆国と日本という国家間関係の枠組みのなかで語られる傾向が強い。藤原がパール・ハーバーで「急性愛国病」になったのは、第二次世界大戦の現場を見る彼の目が、あくまでも「日本」と「アメリカ」というふたつの国家の対立という図式に取り込まれていたからではないだろうか。

パール・ハーバーのなかを行く船内で、彼の意識にあったのは眼前に広がる光景でもなく、日本軍の攻撃によって死亡した人々の姿でもなかった。むしろ、彼は日本とアメリカというふたつの国同士の戦いを考え、白人の乗船客を前にして、ほとんどいやおうなしに自分を日本という国に重ね合わせていた。だから、奇襲に大成功した日本を偉大だと思い、「万歳を叫びたいような気持」になり、「大空を埋めつくした日本海軍の艦上爆撃機が向こうの丘陵に沿って、超低空飛行で果敢に突っ込むところを想像しては、〝美しい、途方もなく美しい〟ともう感激の涙を落とさんばかり」であった。[39] 個人の命よりも、国家の存在を絶対視する戦争のイメージが、藤原を個性豊かなひとりの「若き数学者」から、「日本」という国家を背負って立ち、「アメリカ人」と対決しようとする、ナショナリストの「日本人」に変化させてしまったのである。

戦闘とは無関係だった人びとへの影響

「急性愛国病」にかかった藤原は、その日の夕方、ワイキキの浜辺でじっと物思いに耽りながら、冷静さを取り戻そうとしていた。美しい夕陽を眺めていると、アメリカ人の男の子がそばにやってきて彼の隣に座った。少年はサンディエゴから家族とともに休暇で来ていた。

藤原と少年は半時間ほど、静かな会話を楽しんだ。サンディエゴという、アメリカ西海岸最大の海軍基地をかかえる都市からやって来たこの少年の家族がアメリカ軍の関係者であったかどうかはわからない。昼間にパール・ハーバーを訪れたときとはうってかわって、藤原は落ち着いてハワイの風景と、ひとりのアメリカ人との出会いを楽しんでいた。「この壮大さ、華麗さはこの世のものではない」と思うほど、ハワイは美しかった。そして、少年はとても愛想がよく、礼儀正しかった。(40)

ハワイの美しい光景を堪能し、異国の地での休暇を心ゆくまで楽しみながらも、パール・ハーバーを訪れた途端に、藤原が体験したのと同じような気持ちになる人は、日本人でもアメリカ人でも少なくないだろう。彼ほどの「急性愛国病」になる人はあまりいないかもしれないが、パール・ハーバーのような戦場の跡地では、誰もが「アメリカ」や「日本」といった、国家間の対立軸にとらわれがちだ。戦争の言説は、各自が明確なかたちで国家へ帰属することを強く要求するのである。

その結果、国家の争いのはざまにいた人びとの生活は記憶の周縁へと追いやられてしまう。パール・ハーバー攻撃は国家間の重大な事件であったのと同時に、個々の人びとの生活にとっても大きな出来事だった。とりわけ、ハワイに住む人びとにとっては深刻な事態をもたらした。パール・ハーバーやその近辺にいたアメリカ人兵士に加え、ローラ・ブラウン、リチャード・ホルビー、ジョン・アダムス、H・ウエノ、ウサブロウ・カタモト、ソン・ウソンなどのように、直接戦闘とは無関係だった数多くのハワイの人びとの生活に大きな影響をおよぼしたのである。

第III章

「憧れのハワイ航路」

H A W A I ʻ I

1　日本からのハワイ観光

『ハワイの若大将』

加山雄三が映画界にデビューしたのは一九六〇年。慶応大学卒、スポーツ万能、歌とギターが上手でハンサム。そんな加山青年に憧れた人は少なくなかった。なかでも、一九六一年にはじまった「若大将」シリーズは一躍脚光を浴び、その後一〇年のあいだに合計一七作が公開されるほど人気を集めた。

その「若大将」シリーズで初の「海外もの」が、一九六三年に公開された『ハワイの若大将』である（3—1）。ハワイがまだ多くの人にとって遠い憧れの地であったころに、実際に現地で撮影されたハワイを堪能することができた。当時のポスターには、「恋の波乗り青春ジャンプ！　若さで行こうハッスル大作戦！」という宣伝文句などとともに、加山雄三が思い切りハワイのビーチを楽しんでいる写真がある。

映画には、青い海と青い空、椰子《やし》の木、レイ、フラダンス、ヨット、アウトリガー・カヌー、ダイヤモンド・ヘッド、サーフィンなど、今では「定番」となっているイメージが次々と登場する。海に沈む真っ赤な夕陽と椰子の木を背景に、「ハワイってほんとうに風が甘い」

と語るヒロイン澄子（星由里子）のせりふは今でこそ陳腐な感じもあるが、ハワイへの憧れをいっそう引き立てるものだっただろう。
　音楽にはハワイアン・メロディによく使われるスチール・ギターの音がふんだんに織り交ぜられていて、ハワイの雰囲気をかもしだしている。ヨット選手権で優勝した後の祝勝会で、若大将がギターを片手にこんな曲を歌う。

ココナツ浮かぶ浜辺で、踊るラブリー・フラ・ガール
砂を踏むかわいい素足、輝く黒い瞳
陽に焼けた腕をくみながら口ずさむナ・レオ・ハワイ
踊ろうよ楽しい夜、マラカス鳴らして……

3—1　『ハワイの若大将』の宣伝ポスター。若大将の加山雄三とヒロイン澄子役を演じる星由里子が、ハワイの海を背景に肩を寄せ合っている。「総天然色」で作られたこの映画は、海外旅行自由化直前の日本におけるハワイ・ブームをいっそう加速させるものだった。（東宝ビデオ提供）

「ココナツ」「浜辺」「フラ」「踊り」「砂」「太陽」「ラブリー」「かわいい素足」「黒い瞳」「焼けた腕」「ナ・レオ・ハワイ」（ハワ

イの歌)「楽しい夜」「マラカス」などの単語や表現はエキゾチックな南国を想起させる。この曲を歌いながら、登場人物が集まり、「フラダンス」を踊っているところで映画は終わる。

日本からの観光客

若大将がハワイを訪れたのは、ハワイが世界有数の観光地として大きく変貌しつつある時期だった。既に述べたとおり、戦前はサトウキビやパイナップルなどの第一次産業が経済を担っていた。そして、第二次世界大戦を機に、軍事産業が州の財源の中心になるが、一九五〇年以降は観光産業が急速に発展した。一九七五年以降は、観光産業が州のもっとも重要な収入源となっている(**グラフ**)。ハワイの住人の三〇%以上が、観光関連の職業に就いているといわれる。ハワイは「サトウキビの島」でも「戦争の島」でもなく、「観光の島」として世界に知られるようになった。

このようなハワイの観光地化に、日本からの観光客は大きな影響を与え続けてきた。「若大将」がハワイへ行った一九六〇年代初期から、今日にいたるまで、おびただしい数の日本人がハワイを訪れている。一九九〇年代の一〇年間だけでも、一七〇〇万人以上の人がハワイ観光を楽しんでいる。

観光は、経済的には大切だが、その土地の文化や環境にとっては必ずしも望ましいもので

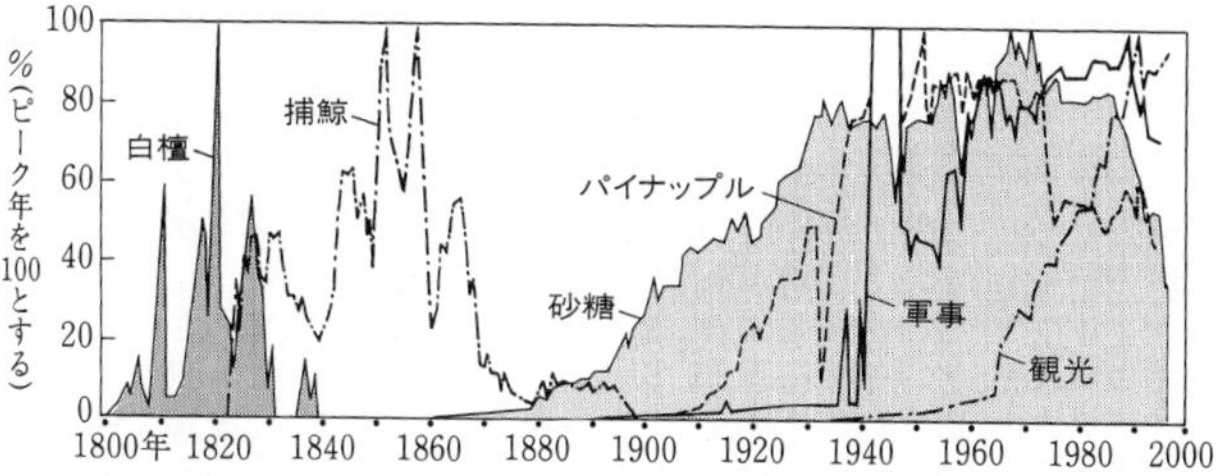

ハワイにおける年代別主要産業収入。長いあいだサトウキビに依存していたハワイ経済が、20世紀に入り、軍事と観光へ構造転換したことがわかる。今日、サトウキビ、パイナップル、畜産などの第一次産業のほとんどは大幅に衰退し、ハワイ経済の観光への依存率はますます高まっている。このような状況に危機感を抱く住民も少なくない。

はないと考えられることが多い。しかし、日本からの観光が今後も続くのであれば、観光をする日本側も、観光客を受け入れるハワイ側も、より真剣に観光の意味とその影響について考えなければならないだろう。本章では主に日本のハワイ観光史をたどりながら、今後の観光の姿についても模索してみたい。

海外旅行自由化

『ハワイの若大将』が公開された一九六三年は東京オリンピック開催の前年である。東京オリンピックは戦後日本の再生を世界に印象づけるための一大イベントであり、国の総力をあげて準備していた。東海道新幹線をはじめとする大型の公共事業が次々と手がけられ、荒廃した戦後の面影は消え去りつつあった。東京の街並みは急速に変化していた。映画のなかでも、若大将の家の近くで大型ホテルの建設がはじまり、父親が経営するすき焼き屋

「田野久」の支店がそのホテルの中にできることが決まっている。

一方、人びとは外国から来る客を迎える準備をしていた。新聞や雑誌で外国人をもてなすためのマナーが話題になり、英語を習う人の数も急増していた。若大将の祖母でさえも海外から来る客をちゃんともてなせるように、毎日一生懸命英語を勉強している。若大将が初めて海外に行ったのは、戦後の日本がオリンピックという国際的行事を開催することで、諸外国と新しい形の交流をはじめようと意気込んでいる時期だった。

また、一九六三年は海外旅行が自由化される前年でもあった。当時、日本人の海外渡航は業務渡航に制限されていて、誰もができるわけではなかった。金銭的な余裕のある人が少なかったのはもちろんだが、外貨持ち出しに神経質になっている日本政府は特別な理由以外での出国を認めなかったのである。レジャー目的で海外へ行くことは許されていなかった。

日本を出るということ自体がまだニュースになる時代だった。新聞には海外出張に行く人物の名前がしばしば掲載されていたし、留学する学生が全国紙で紹介されることも多かった。政治家が海外視察に行くときは「祝○○先生御外遊」とか、帰国したときには「祝御帰朝」などと書かれたのぼりが飛行場に用意されるのが普通だった。若大将と友人の青大将（田中邦衛）がハワイから帰国するシーンでは、大学のヨット部の仲間や家族が総出で羽田空港の送迎デッキまで出迎えに来ている。海外旅行、とりわけハワイ旅行が珍しいものではなくなった今日の状況から考えると、遠い昔の話に感じられるが、当時は一大事だったのである。海外旅行の自由化は東京オリンピックに先立つこと約六カ月、一九六四年の四月一日からはじまった。当時、外貨の持ち出しは年間ひとりあたり五〇〇ドル以内と制限されていた。ホテル代、食費、土産代をこの五〇〇ドルの範囲内でやりくりしなければいけなかった（日本からの往復交通費は日本国内で払えばよかったので、この五〇〇ドルには含まれなかった）。それでも、「戦後一九年目の春、いよいよ旅行の世界の鎖国が解けた」とか、「新しい時代の開幕」であるという喜びの声があちこちで聞かれた。[1]

記念すべき海外旅行自由化一年目に出国した人の数は約一二万八〇〇〇人だった。なかでもハワイを目指した人の数は約三万五〇〇〇人で、全出国者数の三〇%弱がハワイへ旅立った計算になる。[2] 海外旅行の目的地が多様化した今日、ハワイへ向かうのは一〇%ほどなので、自由化当時の海外旅行がどれほどハワイ偏重だったかわかる。『ハワイの若大将』は日本人が抱くハワイへの憧れと、その憧れの場所を訪れることがもうすぐ可能になるという期待を巧みに先取りした映画であった。

『最新布哇案内』

日本人のハワイ熱は一九六〇年代に突然高まったわけではない。ハワイ観光は海外旅行自由化以降に盛んになったとはいえ、それ以前からハワイへの憧れは根強かった。十九世紀末に日本から移民が渡って以来、ハワイは日本人にとって比較的身近な海外だった。移民として渡った親戚に会いに行ったり、商用で訪れたりなど、ハワイそのものを目的とする人に加え、アメリカ本土と日本を結ぶ船がホノルルに一時寄港したときに数日間だけ立ち寄るという旅行者もかなりの数にのぼった。

日本から訪れたこれらの人びとの主目的は観光ではなかったが、それでもハワイ滞在を結構楽しんだようである。日本人訪問者のために、一九二〇年（大正九年）ホノルルで発行された『最新布哇《ハワイ》案内』は、ハワイを「洋上の楽園」と紹介している。「年中あたかも初夏」のようで、「新緑の中に百花繚乱《ひゃっかりょうらん》」咲き乱れ、目を楽しませてくれる。船を降りると、「美しい潮の色、海岸の景色」、緑溢れる山に心を奪われて、「自然に南国だなという気分を充分に味わ」える。おまけに「空気は常に新鮮」で、うっかりして「米飯」を一昼夜そのままにしておいても「腐敗の恐れがない」ほどだ。生活も「今はやや世知辛くなって」きたが、それでも「明日の米代に苦しむと言う者は全然いない」ので、「一攫《いっかく》千金は得られないまでも、働きさえすれば小金を貯めるに苦のない所」である。このように、気候、空気、風景、生活のどれをとっても申し分のない場所として描かれていた。(3)

「水の涌き出る土地」

一九二〇年代はハワイの観光産業の萌芽期だった。一九〇一年にモアナ・ホテル（今日のモアナ・サーフ・ライダー）が開業し、一九〇三年にはハワイ観光局の前身であるハワイ・プロモーション・ソサエティが設立された。一九二〇年代に入ると、ワイキキ地区の整備がはじまった。ワイキキはもともと「水の涌《わ》き出る土地」という意味で、それまで養殖池、タロ畑、水田などが広がる湿地帯だったが、埋め立てが進められ、リゾート地区として生まれ変わった。ワイキキの浜辺には大量の砂が持ち込まれ、観光客がゆっくりとくつろげるよう、

3—2　19世紀後半以降、世界各地からさまざまな著名人がハワイに来てバカンスを楽しむようになった。客船が入港する日は「ボート・デイ」と呼ばれ、地元住民の多くが桟橋まで客を出迎えにいった。1917年10月、第一次世界大戦の真っ最中にハワイを訪れたチャーリー・チャップリン（左端）は港で熱烈な歓迎を受けた。(Hawai'i State Archives)

3—3　1930年代後半にハワイを訪れたアメリカの人気女優ジャネット・マクドナルドと夫の男優ジーン・レイモンド。ホテルのデッキでくつろぐふたりの前で少女がフラを披露している。(Hawai'i State Archives)

ビーチの幅が広げられた。道路が整備され、新しいホテルが次々と建てられた。こうして、サンフランシスコやロサンゼルスから豪華客船に乗ったアメリカ人が長期のバカンスを楽しみに来るようになった。高級ホテルで何週間ものんびりできるのは大半が金持ちの白人たちであった(3―2~3)。

日本からの訪問者のなかにも、「洋上の楽園」を楽しもうと意気込む者が少なくなかったようである。『最新布哇案内』は、そのような「楽園」を満喫しようとする読者のために、ハワイの「名勝旧跡」や「名物」を詳しく説明している。そこには今日の旅行ガイドにも「お勧めスポット」として載っているものがたくさん出ている。

『最新布哇案内』の一番のお勧めはカピオラニ公園だ。これはワイキキの東端にある公園で、今もそのままの名前でガイドブックに掲載されている。今日と同様、水族館と動物園があり、当時からホノルル市民の格好の「遊楽地」だった。公園のそばにはサーフィンなどで有名なワイキキビーチがあり、海の色は「紺碧《こんぺき》」で「荒い波が凄《すさ》まじく白馬のごとく寄せて」きて壮観であると書かれている(4)(3―4)。

当時「金剛峰」と呼ばれたダイヤモンド・ヘッド、古戦場として有名な断崖のヌアヌ・パリ、眺めのいいタンタラスの丘、カメハメハ大王像、ビショップ博物館、イオラニ宮殿、ハワイ大学など、今でも人気のある観光スポットが写真入りで紹介されている(5)(3―5~6)。

3—4　ハワイはサーフィン発祥の地である。ハワイ語では「ヘエナル」(「波に乗る」) と呼ばれ、王侯貴族たちのお気に入りのスポーツだった。カメハメハ一世もサーフィンの達人だったといわれる。ハワイにはサーフィンにまつわるさまざまな風習があった。波を呼ぶための祈りがあり、王や貴族たちだけが利用できるビーチが決められ、名士たちによる競争が催された。図はキリスト教宣教師だったウィリアム・エリスの本に掲載された、1824年ころのサーフィンの描写である。(Hawai'i State Archives)

3—5　1930年代のダイヤモンド・ヘッド。もともとはハワイ語で「ラエアヒ」(「マグロの眉」) と呼ばれたこの火山の噴火口に、18世紀のイギリス人が「ダイヤモンドがある」と勘違いしたところからこの名がついた。アメリカに併合後は、軍事施設としても利用されてきた。(Library of Congress)

3—6　1930年代のヌアヌ流域。ヌアヌとは「涼しい高台」という意味である。1795年にこのヌアヌの崖の頂上（ヌアヌ・パリ）で、カメハメハ軍が敵を破り、オアフ島での覇権を確立した。崖に立って、歴史に思いを馳せるとともに、北東のカネオヘ方面に向かって広がる景色を楽しむこともできる。昔は狭くて急な山道があっただけだったが、『最新布哇案内』が出版されたころには、自動車の普及とともに道路が整備され、簡単に山を越えて対岸まで行けるようになっていた。(Library of Congress)

3—7　1930年代のハレイワ。「ハレ」は家、「イワ」は熱帯に住むグンカンドリという鳥。この一帯にはパイナップルやサトウキビの畑が広がっていた。海岸地域は海底透視船に乗ることができる観光地であった。今日、サーフィンが盛んで、世界各地からサーファーが波を求めてやってくる。(Library of Congress)

さらに、今日と同じように「島廻り」を楽しむことも可能だった。一九二〇年代でも車を使えば七時間ほどでオアフ島を回ることができた。ヌアヌ・パリ経由でカネオヘに向かい、「仙境と称せられたかっこうの避暑地」であるハウウラを通り、今日ポリネシア文化センターがあるライエを経由して北岸に着き、そこからハレイワの方へ南下してホノルルへ戻ってくるコースが紹介されていた。

ちなみに、ハレイワでは途中下車して、「ガラス底」になっている「海底透視船に乗り、海遊び」をすることもできた。船の上からハワイの海の中を覗いて、美しい珊瑚や熱帯魚を見るツアーである[6]（3—7）。

フラフラ踊り

ハワイは虹が美しいところである。『最新布哇案内』では、雨の多いホノルルのマノア地区で美しい虹を毎日のように楽しめることも紹介されていた。とりわけ、夜の虹は「清いお月さんの光線を受けて夜ながら明らかに七色を備えて」いて、日本ではみられない鮮やかなものだった。そんなところでは思わず「花も錦も飾らぬ山にソット粧《かざ》った夜の虹」などと詠んでしまう気分になるのであった。(7)

そして、なんといっても旅のハイライトは「フラフラ踊り」である。「数人の娘が豊かな肉体美」を見せるこの踊りは、「郵便条例に違反する」ので詳しい説明はできないと書いてある。この「原始的踊りは確かに見ものである」と断言しておきながら、ただし「家族同伴は不可」という警告を記すことで、読者の興味をいっそうあおりたてている(8)(3―8〜9)。

『最新布哇案内』以外にその後も日本人用にいろいろなハワイ案内書が出版された。一九三四年(昭和九年)には日本郵船が、ハワイへ向かう乗船客のために『布哇案内』を出版している。ハワイは「熱帯圏」にありながらも、「熱帯の気候的短所をほとんどもたない楽園」であると紹介されている。そこでは「風光の美に加えて、習俗の奇異なるもの」を見ることができる。『最新布哇案内』と同じように、カピオラニ公園、ヌアヌ・パリ、ダイヤモンド・ヘッド、カメハメハ大王像、ビショップ博物館などの説明がある。一九二〇年代にはじまった埋め立て工事が完了した「ワイキキ浜」の周辺は、「世界的」に「風光の美」が知られている場所で、とくに「月夜の美観」は素晴らしいと絶賛している。(9)

一九三〇年代に入ると日米関係は急速に悪化していった。緊張が高まるにつれ、日本国内

3—8　1917年ころの「フラダンサー」の写真。男の欲情をそそる女性として描かれることが多かった。このような写真は絵葉書などとして観光客に売られ、本来のフラとはほど遠いものでありながら、国内外にフラのイメージを作り上げていった。フラとは異なる、観光客向けの「フラダンス」が生まれたのもこのころである。(Hawai'i State Archives)

3—9　「ハワイ＝フラダンス」というイメージは、1920、30年代にハリウッドで量産された「ハワイもの」映画によっていっそう広められることになった。1937年に公開された『ワイキキ・ウェディング』では、人気歌手のビング・クロスビーが「ハワイアン」を歌い、多くの「フラダンサー」が登場した。写真は、ロケ中にくつろぐクロスビーの前で踊ってみせるダンサーたち。(Hawai'i State Archives)

は戦闘準備態勢に入り、その一環として国内外への娯楽旅行は自粛が求められた。たとえ金と時間があっても、のんびりとハワイへ遊びに行くなどもってのほかだった。それでも、ハワイを訪れる日本人にとって、そこが魅力的な場所であることに変わりはなかった。『布哇案内』が出版されたのは、アメリカ合衆国をはじめとする国際世論が、満州を侵略して傀儡《かいらい》政権を立てた日本を強く非難している時期だった。『布哇案内』が出る前年、日本はこのような介入を不服として国際連盟から脱退していた。国内の反米感情はますます強くなっていった。そのような時期でも、『布哇案内』はアメリカ領土であるハワイを「太平洋の珠玉」と絶賛していた。

ハワイアン音楽の大ブーム

また、一九三〇年代は日本でハワイアン音楽が流行した時期でもあった。日本にハワイアン音楽を伝えた草分け的存在である日系二世のバッキー・白片《しらかた》が、アロハ・ハワイアンズ・トリオの一員として来日したのは、一九三三年だった。白片は一九三五年に再び日本を訪れ、定住を決意する。戦前・戦後の日本におけるハワイアン音楽の振興、とりわけスチール・ギターの普及に多大の貢献をした。一九三九年に発表された「ホノルル娘」は代表作のひとつであり、ディック・ミネが歌い、ヒットした。また、同じくハワイ生まれの灰田《はいだ》晴彦・勝彦兄弟がモアナ・グリー・クラブを結成して活躍したのもこのころだった（3―10）。一九三七年に発売された「アロハ・ホノルル」は「椰子の葉陰に常夏の、アロハ・ホノルル夢の街」「浮かれ心のフラダンス、アロハ・ワイキキ唄の浜」などと歌う勝彦の甘い声とともに、晴彦が弾くスチール・ギターの音、ウクレレの音などが織り交ぜられ、異国情緒たっぷりだった。

もちろん、一九四一年に日米間で戦争がはじまると、敵国の一部であるハワイへの憧れを公然と語ることはできない時代になった。しかし、戦争の初期にはハワイアンは比較的人気があった。やがて戦局が悪くなるにつれ、ハワイアンのほとんどは軍によって禁止されてしまったが、それでもハワイへの関心が消え去ってしまったわけではなかった[10]。歌詞の内容は日本的でありながら、メロディはハワイアン調のものが人気を呼んだ。灰田晴彦・勝彦のモアナ・グリー・クラブは「南の楽団」と改名して活動を続けたし、バッキー・白片も歌詞は軍国主義的だが、ハワイアン調の曲を奏でながら日本軍の慰問活動をした。終戦後、ハワイ音楽の第一人者として活躍することになる大橋節夫は、一九四三年に学徒出陣で入隊し、その際母親に「星の降る窓」という別離の歌を贈った。歌詞こそ日本的であったが、ウクレレで奏でられるメロディはまぎれもないハワイアンの調べだった。

終戦直後の一九四八年に、岡晴夫の「憧れのハワイ航路」が大ヒットしたのも決して突発的な現象ではなかった。戦後を代表する作曲家江《え》口《ぐち》夜《よ》詩《し》の手になるこの曲は、岡の甲高い「晴れた空、そよぐ風」という歌声ではじまり、「波の背をバラ色に染めて、真っ赤な夕日が沈む」「夢も通うよ、あのホノルルの椰子の並木路」と続いている。焼け野原の日本のイメージとは対照的な夢とロマンに溢れるカラフルな歌詞とメロディだ。戦中の極端な国粋主義思想によって排除されていた、ハワイへの憧れを一気に歌い上げたものであり、その後のハワイアン・ブームを予感させるものでもあった。

実際、一九五〇年代に入ると、一大ハワイアン・ブームがまきおこった。当時、日本国内には数千ものハワイアン・バンドがあったといわれている。「ブルー・ハワイアンズ」「アロハ・セレナーダス」「アロハ・ハワイアンズ」といったグループが次々とハワイアン音楽をヒットさせた。なかにはエセル・中田のように、「ハワイ・コールズ」というハワイの有名なラジオ番組で日本人として初めて紹介されるほどの才能を示す歌手も現れた。当時、中田はハワイのことを「真青な海、どこまでもどこまでもはてしなく澄みきっている大空、人びとの心に憧れと夢をかきたてる」場所だと語っていたが、そのような

3—10　モアナ・グリー・クラブの公演光景。中央にスチール・ギターを弾く灰田晴彦が座っている。演奏者はレイをかけて、ハワイの雰囲気を出している。（ビクターエンタテインメント）

3—11 『ブルーハワイ』のロケでハワイへ向かう前から、エルヴィス・プレスリーはハワイ気分でいっぱいだった。ロサンゼルスの空港ではファンにレイをいっぱいかけてもらって上機嫌だった。(Bettman/CORBIS JAPAN)

ハワイ・イメージが彼女のような歌手を通してどんどん浸透していった。[11]

芸能人のバカンス地帯

六〇年代に入り、海外旅行自由化が現実味を帯びてくると、ハワイへの関心はますます高まっていった。自由化を見こして、一九六一年には海外旅行積立預金がはじめられた。また、このころから、業績の好調な会社が「産業視察」の名目で社員をハワイへつれていくようになった。毎年三〇ほどの視察団がハワイを訪れ、オアフ島、ハワイ島、カウアイ島などでの観光を楽しんだ。視察団は一様に、「ハワイの風光は素晴らしい」と満足し、「日本では国力も豊かになってきたので、これからもハワイ観光団は年を追って増加すること間違いありません」などと語っていた。[12]

既に述べたように、『ハワイの若大将』はこのようなハワイ熱をたくみに取り込んだ映画だった。ハワイロケは一九六三年三月に行われたが、同時期に他に二本の映画ロケがハワイで行われていた。森繁久彌らが登場する『続社長外遊記』と、宝田明らが演ずる『東京・香港・ホノルル』である（加山雄三は『東京・香港・ホノルル』にも出演している。これらはすべて東宝映画で、キャストが重複していたこともあり、三本同時にハワイでロケが行われた）。さらに、同年には石原裕次郎主演『太平洋ひとりぼっち』のロケの一部がハワイで行われて話題を呼んでいたし、橋幸夫、畠山みどり、坂本九、浜田光夫、吉永小百合などの大スターが次々とハワイを訪れて、その感激を日本の雑誌で語った。自由化直前の一九六三年夏には、人気週刊誌の『平凡』がハワイを「芸能人のバカンス地帯」と表現し、江利チエミや高倉健がハワイで楽しく遊ぶ様子を紹介していた[13]。また、エルヴィス・プレスリー主演の『ブルーハワイ』が公開され、人気を博したのもちょうどこのころだった（3―11）。

このように、ハワイへの関心は一九六四年の海外旅行自由化で突然花開いたわけではなく、それ以前からのものだった。この憧れが、海外旅行が自由化されたとき、具体的な形で実現されるようになるのである。

2　ハワイ観光団

日本人観光客受け入れ会議

日本人観光客を受け入れるために、ハワイ側も着々と準備を進めていた。一九六四年の自由化を見こして、六一年、六二年、六三年にはハワイの観光関係者が続々と日本を訪れ、ハワイの宣伝を行った。六三年にはジョン・バーンズ州知事も来日し、自らテレビ出演をしてハワイの魅力を力説した。六三年には全国二七カ所でハワイアン音楽のコンサートが開かれた。大阪、東京、京都、名古屋、徳山、岩国ではハワイ州主催のハワイ祭りが大々的に催され、好評を博した。当時のハワイ観光局の幹部は、「どこに行ってもハワイ熱でわいていて、われわれのショーはいずれも超満員という盛況」であり、その結果「五〇〇〇万人以上の日本人にハワイ訪問熱をあおって」くることに成功したと誇らしげだった[14]。

一方、ホノルル市内のホテルやレストランの従業員は日本語のレッスンを受けるなど、客の受け入れ準備を開始していた。自由化直後にハワイを訪れた観光客は、「ある土産物屋の白人の従業員が日本語を一生懸命に勉強しているのを見て驚いた」。また、日本人観光客の旅行手配やガイドを専門に行う会社が設立され、「日英両語が完全に出来る職員が旅行者の言葉の不自由さ、土地の不案内などの不安をふきとばし、美しいハワイをエンヂョイするようなサービス」を提供しはじめていた。さらに、ホノルルでは日本人観光客向けの観光案内書が発刊され、一般的な名所案内に加え、「人との応対」「土産品」「交通道徳」などに関する情報から、「ステテコ姿」で出歩かないよう注意を促すなど、いろいろな事柄が細かく丁寧に説明されていた。[15]

一九六三年には州立のハワイ観光局と連邦政府の研究機関であるイースト・ウェスト・センターの共催で「日本人観光客受け入れ会議」がホノルル市内のホテルで開かれた。日本からも四五名の旅行業者が出席して、ハワイの観光関係者と意見交換を行った。五日間にわたったこの会議で、日本側はさまざまなことをハワイ側に要求した。入国手続きの簡素化にはじまり、ホテルの室内に物干しが欲しいとか、スリッパを用意しろとか、館内に卓球台やボーリング場を設けろなど、少々理不尽とも思える意見にいたるまで、内容は多岐にわたった。その多くに対して、ハワイ観光局は最善の対応を約束したのである。[16]

海外旅行自由化とハワイ

このようなハワイ側の努力は、日本からの観光客がもたらす経済効果に対する期待の表れでもあった。ハワイの主要新聞である『ホノルル・アドバタイザー』は自由化直後の一九六四年四月七日の社説で、日本人観光客の重要性を説いている。自由化によって今年だけでも

「一万人から五万人」「近い将来は一〇万人」もの観光客が日本から来るかもしれない。これは「ハワイの観光産業に重大な影響を与えることは間違いない」うえに、「アメリカとアジア諸国を近しくつなげる」ことになるだろうと期待していた[17]。また、ハワイ観光局の局長も「日本人をはじめとする外国人観光客が異国の風習、貨幣、言語に違和感をもたないようハワイの住民は努力をする必要がある」と語り、観光産業の重要さを力説した。日本の海外旅行自由化は大きな期待をもって迎えられたのである[18]。

一九六四年の自由化に際して、日本交通公社が売り出したハワイ行き標準パックツアーは、往復とも飛行機を使った場合、七泊八日で三五万三〇〇〇円だった。九泊一〇日なら三八万六〇〇〇円[19]。外貨持ち出し限度額の五〇〇ドルは当時の為替レートで換算すると一八万円である。パックの代金と現地で使うドルを購入すると五〇万円を超えることもあった。当時、大卒男子の初任給は約二万円。約一週間の旅行に月給の二五倍近くも支払わなければならない計算だ。ハワイ旅行はなかなか手の届かない贅沢だった。とはいえ、まったく不可能な金額でもなかった。多少生活に余裕がある人であれば、がんばってなんとかして行くことのできるところだった。日本交通公社は旅行が解禁される前から「ハワイ積立旅行」を企画していたが、これは大変な人気だった。毎月一万円ずつ貯めて、三年間で三六万円にして旅行へ行こうというわけである。この企画を利用して、たくさんの人がハワイへ飛び立った。

第一銀行ハワイ観光団

当時、ハワイ旅行へ行った人の九〇％以上はパックツアーを利用した。観光スポットを効率よく回ることができたし、言葉も習慣も不慣れな外国での煩わしさを避けるのに、パックは便利だった。

七泊八日のパックの場合、東京を夜出て、ホノルルに朝到着するのが普通だった。到着後はレイを首にかけてもらい、ホテルでしばらく自由時間が与えられた。飛行機旅行がまだ一般的ではない時代、ホノルルまで八時間ほどのフライトはずいぶんと長くと感じられた。疲れを癒すために、まずホテルの部屋で休息をとったり、ビーチに寝転ぶ人が多かった。翌日は島内一周観光に出かける。次の日は、午前中はカピオラニ公園でコダック社が主催するフラのショーを見学し、午後はカメハメハ大王像、イオラニ宮殿、ヌアヌ・パリ、ダイヤモンド・ヘッドなど、市内観光をした。翌朝は早くからハワイ島へ飛び、ヒロ市とキラウエア火山の見学をした。ヒロで一泊して、ハワイ島のコナ海岸を訪れた後、ホノルルに戻った。そして、翌日に日本へ戻るのである。

この他にもカウアイ島やマウイ島を訪れたり、日本からの片道を船で行くパックもあった。船は片道約八日間かかったが、飛行機を利用するより安上がりだった。いずれにせよ、すべてが前もって周到に準備された旅程であり、今日のように現地に着いてからオプショナルツアーを購入するという方法は存在しなかった。
海外渡航が自由化されて初めてハワイに到着した記念すべき第一陣は「第一銀行ハワイ観光団」だった。総勢二五名のこの一行は、第一銀行と日本交通公社が提携して設定した積立預金に毎月一万円ずつ三年のあいだ資金を預けてきた人びとだった。その顔ぶれの大半が医者や会社経営者とその家族で、比較的裕福な人が多かったようである。
四月八日にパン・アメリカン航空機で日本を出発した一行は日付変更線を越え、現地時間八日の朝にホノルル空港に到着し、歓迎を受けた。レイを何本も首にかけてもらい、地元の報道記者に囲まれた一行は「やっぱりハワイは南国的ですねえ」「東京は雨だったので晴ればれした感じです」「夢を見ているみたい」などと感想を漏らし、「フラダンスを見てみたい」「初めてなので一週間を楽しく過ごしたい」と思いを語った。[20]
この一団はホノルル滞在後、ハワイ島に加え、カウアイ島とマウイ島も訪れた。帰国前日の四月十四日の夜、ホノルル市内の日本料理屋で開かれた送別会で、「異口同音に満足」を表明したという。「ウワサ以上にすばらしかった」「全く夢の国という感じ」「もう一度来たい」「すばらしいところなのでできれば残りたい」などとハワイをほめ讃えた。もっとも、「物価が高い」「ホテルのお湯がよく出ず風呂に入れなかった」「ワイキキは高層ビルばかり」

などという不満もあったが、おおむね楽しい時を過ごして帰路についたようである。[21]

第一陣到着の翌日には、「日本交通公社旅行クラブ」の「アロハ観光団」の一七名が到着した。かれらも「町がきれいでほこりがなく、足袋もよごれず清潔な町だと感じました」「ハワイはせまいところと思ったが、どうして、のんびりとしており、空気もうまく、大いに気に入りました」「花は色とりどり、木は青々とし、さっと夕立が来て涼しい」などと語り、好意的な印象を持ったようである。[22]

この後も考えられなかったペースで日本から続々と観光客が訪れるようになった。今日と比較するとごく僅かに過ぎなかったとはいえ、海外旅行自由化の一九六四年は、ハワイと日本の関係にとって新しい時代の幕開けだった。

お土産「ベストファイブ」

ハワイ側が期待したように、日本からの観光客は買物を楽しみ、ハワイ経済に貢献した。海外旅行が一般的でない時代には、家族や親戚だけではなく同僚や隣近所にまでたくさん土産を買って帰るのが普通だった。

自由化直後にホノルルで創刊された日本人向けの「観光とおみやげ案内」には数多くの地元商店が広告を出している。なかでも目に付くのが「純ハワイ・スタイル」の服であるムウムウやアロハシャツ、ウクレレ、パイナップル、マカデミアナッツ・チョコレート、ハワイ特産ジャムやゼリー、ハワイ製の香水など、ハワイにちなんだ商品を売る店の宣伝だ。

ちなみに、日本交通公社の統計によると、一九六五年のハワイからのお土産「ベストファイブ」は次のようなものだった。(23)

一、ケネディ・コイン（五〇セント硬貨）
二、パイナップル
三、ハワイ製香水——オーデコロン
四、アンセリウム（花）
五、アロハ・シャツ又はムウムウ

ケネディ・コインが一位なのは、外国の硬貨が海外旅行のよい記念になるうえ、一九六三年に暗殺されたジョン・F・ケネディ大統領が日本でも人気があったからだろう。また、五〇セント（一八〇円）という値段も手ごろだった。その他は、ハワイに関連したものである。とくに、パイナップルの人気が高い。日本ではまだ簡単に手に入らない珍しい果物だったし、新鮮なパイナップルの味は観光客に強烈な印象を与えたようである。ハワイに関する当時の雑誌記事には、パイナップルは「ハワイで一番おいしい食べ物だ」とか、「新鮮なパイナップルのざっくとした歯ごたえある甘い味はこたえられない」といった表現がみられる。[24]『ハワイの若大将』にも、若大将が帰国後、ハワイの友人から送られてきたパイナップルを美味しそうに食べるシーンがある。

「ハワイ製のオーデコロン」はおそらく南国の花の香りのものだろう。アンセリウムは南国のイメージにふさわしい色鮮やかな花だ。アロハシャツやムウムウは日本でもちょっとした人気だったから、本場のものをということだろう。この他にもウクレレ、ティキと呼ばれる「魔除け人形」や「黒さんご」「ラウハラ織り」（ハラという木の葉から作った生地）、「木の実のネックレス」「花のレイ」などが人気を集めていた。

日本からの観光客が買物を重視するのは昔も今も変わらない。ただ、自由化当初はハワイという土地そのものを思い起こさせるような品物に人気が集まっていた。後に述べるように、この傾向はバブル景気を機に大量の日本人観光客が押し寄せるようになるまで続いた。多くの日本人にとってハワイがまだ遠い憧れの場所だったころには、ハワイらしい、文字どおりの「土産物」が好まれたのである。

大阪万博ハワイ館

このようなハワイへの想像力をさらにかきたてるきっかけになったのが、一九七〇年三月に大阪で開かれた万国博覧会である。全世界から七七ヵ国が集い、趣向を凝らした展示を行った。日本政府は万博のために並々ならぬ力を注いだ。六年前の東京オリンピックと同様、国中が注目する一大イベントだった。総経費は一兆円を超え、入場者数は六四〇〇万人にものぼった。開会式には昭和天皇をはじめとする国内外の重要人物が集い、その模様は全世界にテレビ中継された。

大阪万博は世界各国がそれぞれ独自の展示館を出展する形式だったが、都市や州単位で参加してきた場合もあった。アメリカからはワシントン州とハワイ州が独自に参加した。ハワイ州の展示館はソ連館と道路をはさんで向かいに位置し、キラウエア火山を模したような黒っぽい山なりの建物だった（3―12）。

ハワイ館はソ連館やアメリカ館とは比べものにならないくらい小規模な展示館だった。アメリカ館やソ連館はじっくり見れば二時間近くもかかるほど大掛かりなものだった。人気も高く、入場まで最低でも四〇分、混んでいる日なら数時間待たされることもあった。それに比べてハワイ館の展示は五分もあれば見尽くしてしまうほど小さかった。待ち時間もそれほどではなかった。

しかし、ハワイ館は開催当初から皇太子の訪問などで注目を浴びた。日本人のあいだでは「おなじみのフラダンスをハワイ娘が踊る」のを見物できるところとして人気を呼んでいた。入場者数は一日に二万人くらいで、展示の規模を考えれば上々といえる数だった。ところが、展示を訪れたハワイ州民のあいだでは、ハワイ館は「暗くて冷たい」とひどく不評だった。[25] ハワイの新聞では展示を設計した州政府とその責任者に対して強い批判が繰り返された。[25] そのため、州政府は六月に展示館を一時閉鎖して改装工事を行い、シンプルで明るい雰囲気にすることを決定した。おかげで、その後はハワイ州民にも評判がよくなった。新たなハワイ館ではハワイの学校、宗教、産業などに関する展示をする一方で、観客が楽しめるようさまざまな趣向を凝らした。[26]

3—12　万博ハワイ館の前で行われたハワイのイベントに見いる人びと。ハワイ館はキラウエア火山を模した形をしていた。ハワイ館は、「ハワイが世界中の人びとの心を包み込む」素晴らしいところだということを人びとに知らしめた、と州政府の報告書は自賛していた。(*Hawaii at Expo '70*)

なんといっても人気を呼んだのは、楽しげなハワイの紹介ビデオ、一日に七回行われたフラのショー、四回催されたハワイアン音楽のショーである。とくにフラショーは体験型で、希望者はハワイの女性と一緒に踊ることができた。ステージの周りにはオーキッド、ハイビスカス、アンセリウムなどの美しい南国の花々が飾られ、参加者は「ハワイの美女」（大半はハワイ出身の学生アルバイトだった）と楽しいひとときを過ごした。そのかいあってか、会期後半は一日に四万人もの入場者がやって来て、「押すな押すなの勢い」だった。結局、万博開催期間中の入場者数は、当初予想した三〇〇万をはるかに上回り、五二〇万人にも達した。(27)

ハワイ投資セミナー

万博期間中の八月十八日は「ハワイデー」と名づけられ、記念式典が催された。特別会場には八〇〇〇人以上の見物客がつめかけ、超満員だった。観客はハワイのバーンズ知事による「進歩と調和の太平洋共同社会建設のために乗り出そう」という演説を聞いた後、ハワイの女性が真っ赤な花をつけ、ムウムウ姿で踊るフラショーを楽しんだ。(28)この日のために日本を訪れたダニー・カイレキユなどのミュージシャンがハワイアンを奏で、ハワイの高校生が歌を披露した。またハワイとは直接関係ないが、南国の雰囲気を出すためか、サモアの「火踊り」も行われた。さらに、記念式典にはハワイ出身の人気相撲力士高見山が巡業中の北海道から急遽出席し、ファンを大喜びさせた。

多額の資金を投入したハワイ州政府にとって、大阪万博は単に観光地ハワイを紹介する場ではなかった。万博のハワイデーに合わせて来日した州政府関係者はしきりにハワイ投資の効用を日本企業に説いてまわった。当時既に、国際興業や大手デパートの白木屋百貨店などの日本資本が進出していたが、ハワイ州政府はより積極的な投資を求めていた。このような経済的な運動は、当時アメリカの景気が後退し、本土からの投資や観光客数が減っていたことと関連していた。

ハワイデーの直後、ハワイ州政府の呼びかけに応じた経団連と日本商工会議所の共催で「ハワイ投資セミナー」が開かれた。バーンズ知事は日本経済界の指導者を前に、ハワイの経済成長に日本企業が貢献することは日本とハワイだけではなく、日米間の相互理解を深める効果をも生むと力説し、「ハワイに対する投資を活性化させるよう」求めた。同時に、対日貿易の赤字を解消するために、「日本からの見えない輸出」、つまり観光客の誘致に努力をしていくと宣言し、観光業界にエールを送った(29)。

このような呼びかけが功を奏したのか、日本企業の投資は急速に増加していった。日本人がハワイを「買い占めている」という悪評は八〇年代のバブル期まで聞かれなかったが、既に一九七〇年代初期にはモアナ・サーフ・ライダー、シェラトン・ワイキキ、プリンセス・カイウラニ、ハワイアン・リージェントなどの主要ホテルが日本資本の傘下に入っていたし、ゴルフ場の買収も着々と進んでいた。旅行代理店、不動産、運輸などの日本企業の支社も数多く設立され、日本人駐在員が増えていったのもこのころだった。

ジャンボジェットの衝撃

万博の開催に加え、一九七〇年は日本からハワイを訪れるための交通手段に「革命」が起きた年でもあった。その年、ボーイング747旅客機、いわゆるジャンボジェット機が世界の空を飛ぶようになったのである。一月にニューヨーク・パリ間の大西洋便が就航し、三月にはロサンゼルス・ホノルル・東京を結ぶ太平洋路線の運航も開始された。最大四五〇名の乗客を乗せてホノルル・東京間を一気に飛ぶジャンボ機の登場は、航空機による太平洋大量輸送時代の幕開けでもあった。

万博開催直前の一九七〇年三月十一日の夜、ホノルルから飛んできたパン・アメリカン航空のジャンボ機が初めて日本に姿を見せたとき、羽田空港にはこの「巨人機」を一目見ようと一万人以上もの人が訪れて大騒ぎとなった。精神科医で作家の斎藤茂太はこのジャンボ機に乗りたいがために、直後の羽田発ホノルル行きに搭乗した。新しい飛行機に乗ると「名状しがたい感動が私を襲った」と述べたが、それほどジャンボの旅は衝撃的だった(30)。

こうして、日本とハワイの距離感は徐々に縮まっていった。航空機を使って海外旅行をする人が増えてくると、航空運賃の値下げもはじまった。先述のように、海外旅行が自由化された当初、航空運賃を含んだパックツアー代金は、エコノミー券を買ったとしても、四〇万円近くにもなった。しかし、需要の増加に伴い、一九七〇年にハワイ・アメリカ行き路線にバルク運賃という団体割引が設定されると、航空券の価格はかなり安くなった。バルク運賃を利用したルックやジャルパックなどの団体旅行に参加すれば、ハワイ一週間の旅は一五万円程度で可能になった。その結果、一九七〇年のゴールデン・ウィーク期間中は、ジャルパックを利用して行く人だけで一〇〇〇人を超えるほどの盛況となった。テレビなどでは、「ルックでハワイへ行こう」などのパックツアーの宣伝が盛んに行われていた。

また、一九七〇年代以降、それまでなかなか海外旅行などできなかった大学生が、夏のあいだハワイに語学研修に行くようになった。日本国内でヴェトナム反戦・安保条約更新反対などを求めて学生デモが続くさなかの一九七〇年の夏には、前年の三倍にあたる一八〇〇名もの日本人学生がハワイ大学のキャンパスで英語などの授業を受けた。当時のハワイの新聞報道によると、ハワイは学生たちにとって、勉学をする機会が与えられるうえに、「人種融合」や「アロハの精神」などに基づく「実社会」を見ることができ、さらに「観光やレジャーを楽しむ」こともできるので、まさに「一石三鳥」の場所だった[31]。

一九七〇年に、外貨持ち出し制限が一〇〇〇ドルまで引き上げられ、予算に余裕がある人は従来より長期の滞在が可能になった（とはいえ、実際にそれほど余裕がある人は少なかった。

3—13　1970年代に入ると、日本からの観光客が急増した。ホノルル空港には日本語標識が設けられるようになった。今日では、スーツ姿で降り立つ日本人観光客の集団は不思議な感じを与えるが、この時代は、日本でもアメリカでも、男女ともにフォーマルな格好で飛行機に乗る人が多かった。(National Archives)

とりわけバカンスに費やせる時間が足りないので、旅行期間はどうしても短くならざるを得なかった。外貨持ち出し枠が一九七七年に撤廃された以降も、相変わらず日本人観光客のハワイ滞在期間はアメリカ本土からの客と比較すると短い）。

ジャンボジェット機の就航ではじまった一九七〇年代は、日本人の海外旅行が急速に成長した時代だった。一九七〇年に六六万人だった日本人の海外旅行者数は、二度のオイルショックを経たにもかかわらず、一〇年後の一九八〇年には四〇〇〇万人に達した。ハワイを訪れる日本人の数も、一九七〇年には一二万人ほどだったのが、三年後の七三年には約三倍の三五万人に増え、一九七八年には五〇万人を突破した（3—13）。

3　バブルとハワイ観光

気軽にハワイへ

旧総理府の統計によると、日本国民は戦後約四〇年のあいだ、ほぼ一貫して「今後の生活の力点」を「住生活」と「食生活」におきたいと考えていた。食べるのにも困るほどの困窮や、狭苦しい住宅から解放されたいという希望がずっと強かった。しかし、一九八〇年代以降、「レジャー・余暇生活」を重視したいという意識が強くなる。一九八三年に国民の最大の関心事が「住生活」から「レジャー・余暇生活」に移って以来、今日まで一貫してその傾向が続いている。

このような意識の変化に伴い、一九八〇年代に入ると、日本の海外旅行者数は急速に増加した。円高が進み、日本国内がバブル景気に沸いたころ、海外旅行者数は毎年一〇%以上のペースで増加した。一九八五年の年間出国者数は約五〇〇万人だったが、一九九〇年には一〇〇〇万人を超えた。一九九一年は湾岸戦争の影響で、多少減少したが、その翌年からまた着実に増加し続けた。国際線の割引競争が激化して、航空運賃がますます安くなり、海外旅行は手軽なものになっていった。格安航空券を使えば一〇万円以内でハワイに飛ぶことも可能になった。以前は給与の一五倍もした航空運賃が、今や初任給の半分程度になったのである。誰でもが気軽にハワイへ旅行できる時代がやってきた。

海外旅行者数は一九九五年についに一五〇〇万人を突破した。景気低迷が続いた一九九〇年代後半の伸び率は鈍く、一九九八年は海外旅行自由化以来三回目のマイナスとなったが、それでも二〇〇〇年には一七〇〇万人を超えた。今後もこの数は増加し続けると予測される。

ハワイへ行く旅行者も一九八〇年代半ば以降急増した。一九七八年には約五〇万人だった訪問者数は一九八七年には一〇〇万人、一九九六年には二〇〇万人を突破した。[32] 飛行機の便数も急増し、国内最大手の日本航空だけで毎日約一〇便、合計すると四〇〇〇人もの乗客を運ぶことができる。年間訪問者数がわずか三万五〇〇〇人だった一九六四年と比べるとまさに隔世の感がある。

ハワイを訪れる人の九割以上はオアフ島、とくにワイキキに宿泊する。観光に訪れる場所はワイキキビーチ、ダイヤモンド・ヘッド、ヌアヌ・パリ、カメハメハ大王像、イオラニ宮殿などで、一九二〇年代の観光名所と同じところが多い。ただし、一九二〇年代や六〇年代のハワイ旅行にはなかったさまざまな遊びも登場してきた。ダイビング、シュノーケリング、ジェットスキー、パラセイリングなどのウォータースポーツ、ロマンチックなディナークルーズなど、『最新布哇案内』を手に名勝旧跡を巡った人びとからは考えられないものが多い。

同時に、近年はオアフ島以外へもたくさんの日本人が訪れるようになった。私有地で観光客が入れないニイハウ島と、かつて米軍の銃弾射撃場として利用されたため、今は立ち入り禁止区域となっているカホオラヴェ島を除いて、ほぼすべての島でホテルなどの施設が整備されている。日本からは、一九九六年以降ハワイ島のコナへも直行便が飛んでいる。マウイ島を訪れる観光客の増加も著しい。また、カウアイ島やラナイ島にもリゾートが完成し、日本からの観光客誘致に力を入れている。とりわけ、ラナイ島は一九八〇年代半ばまでパイナップルの生産地で、観光施設はほとんどない島だった。しかし、厳しい国際価格競争のためパイナップル生産をあきらめた親会社が超高級リゾートを建設し、島の産業全体を観光へ移行させた。同じように今まで観光客にほとんど知られていなかったモロカイ島にもホテルができている。

高級ブランド品ショッピング

日本人観光客の目的地が多様化すると同時に、買物の中身にも変化がみられるようになった。一九八五年ころから急速な円高が進み、一ドルは二〇〇円を切り、ついには一〇〇円を割り込むほどにもなった。アメリカ本土と比べると高いはずのハワイの物価は、日本からの観光客にとってはお手頃に思えるようになった。従来のような土産物だけではなく、ハワイとはあまり関係のない物品が大量に購入されるようになった。とりわけ、日本と比べると手頃な値段で売られているフランスやイタリアなどの高級ブランド品に人気が集まった。

一九八〇年代前半に日本で出版されていたハワイ観光のガイドブックにはショッピングセ

ンターの紹介はあるが、具体的な個々の店の紹介はあまりないし、詳しい地図もない。そこは買物をする場というよりは、現地の人びとの素顔に出会える場所として紹介されていた。たとえば、アラ・モアナ・ショッピングセンターは「ハワイの一般の家庭人がどんな服装で、どんな買物をするのか観察できる」ところだった。(33)

ところが、一九八〇年代半ば以降、日本人の購買力が高まり、観光客好みの店が次々とオープンすると、ガイドブックには買物に関する詳しい情報が掲載されるようになった。ロイヤル・ハワイアン・ショッピングセンターやアラ・モアナ・ショッピングセンターなどの人気スポットの詳細な地図と「注目の店」情報が数多く載るようになったのである。なかにはショッピング情報だけを紹介したガイドブックもある。そこで人気のあるものはもはやパイナップルやムウムウではない。「おしゃれでキュートなファッションアイテム」「レア物」「フランスから直輸入の高級グッズ」などである。ハワイとはとりたてて関係のないものが大量に購入されるようになった。

バブルのころに日本人観光客がハワイで落とした金の額はひとりあたり一日三〇〇ドルを超えた。これはハワイを訪れるどこの国の観光客よりも大きな額で、アメリカ本土から来る観光客と比べると、三倍近くだった。その後は日本の景気低迷もあり、額は多少低くなったが、それでも相対的にまだかなり高い。ハワイは日本人にとって買物のパラダイスになったのである(34)(3—14〜15)。

　また、海外旅行が一般的になるにつれ、何度も訪れるいわゆるリピーターも増えてきた。近年、日本からハワイへ向かう旅行者の半数近くが少なくとも一度は以前に訪れたことがある人びとで、到着して右も左もわからないという人の数は急速に減りつつある。リピーターの数は今後も着実に増加し続けるだろう。

　こうした変化に伴いパッケージツアーの内容も大きく変化している。昔のように分刻みで団体行動をしながら観光地を巡るという日程はほぼ姿を消し、ホテルの宿泊と数回の食事以外はほとんどが自由な「滞在型」パッケージが一般的になってきた。同じ団体の客でも、一

3—14　ワイキキで買物を楽しむ日本人家族。カラカウア通り沿いには種々の店が立ち並び、毎日賑わっている。日本人の平均支出額はバブル期と比べて大幅に減少したが、それでもアメリカ人観光客の２倍近い。ワイキキの店の多くは収入の大半を日本人観光客に依存している。

3—15　ワイキキは夜遅くまで店が開いている。アメリカ国内でこれほど夜遅くまで比較的安全にショッピングを楽しめる都市は他に存在しない。昼間はビーチで過ごして、夜は10時ころまでショッピングができるようになっている。(3—14とともに、Y. YAGUCHI)

緒になるのは飛行機とホテルくらい。後はそれぞれがレンタカーで思い思いに名所巡りをしたり、買物を楽しんだり、美味しいものを食べたり、ビーチでのんびりしたりできるような自由時間である。ガイド付きの旅をしたい人は、さらに金を払って現地で案内を頼むという、いわゆるオプショナルツアーのシステムが確立された。

男性の旅行

海外旅行が自由化された当時、出国者の約八〇%は成人男性だった。レジャー旅行が解禁されたとはいえ、実際は業務で海外旅行に行く場合がほとんどだったし、その場合は男性社員が出張することが多かったからだ。『ハワイの若大将』に登場するマドンナの澄子は社用でハワイに来ていたが、彼女のような女性は珍しかった。一般的に、女性が海外に行く機会は、新婚旅行や、海外に赴任する夫と一緒に行く場合に限られていた。独身の若い女性グループだけで海外へ行くというケースはきわめて稀だった。金銭的にそれほどの余裕のある女性は少なかったし、社会通念上もそのような旅行はなかなか許されない時代だった。

だから海外旅行は基本的に男の旅行であった。ハワイ旅行に関していえば、観光案内は常に男性の読者を想定して書かれていた。一九二〇年の『最新布哇案内』はハワイ島のキラウエア火山やカウアイ島のワイメア渓谷の写真とともに、「お艶」や「駒龍」などの若い日本人女性の写真を「ホノルルの名妓」としてわざわざ掲載していた。先にも述べたとおり、フラは「フラフラ踊り」として、男の欲望を満足させるものとして描かれていた。

男の欲情をくすぐるような描写は、一九六〇年代以降のハワイ案内にもたくさんある。フラは女性の官能的な肉体を眺めて楽しむショーとして描かれている。「半裸の若い女性」が「悩ましい腰の動き」を見せるとか、「ラム酒をベースにしたマイタイを飲みながら、豊満な美女のフラ・ショーを観るなんていうのは、いかにも外国ムード満点」などという描写がいたるところにある。

ワイキキの浜辺についても「ビキニ姿の豊満な美女」がたくさんいるので、「泳がなくてもガールウォッチングだけでも楽しい」などの説明とともに、必ずビキニ姿の白人女性が浜辺で寝そべる姿の写真が掲載されている。夜の観光についても、あやしいクラブやストリップショーの説明がたくさんある。「大きく胸の開いたブラウスに超ミニスカート」をはいた女性が「立ち膝で靴を磨いてくれる」などといったバーの説明などが、ごく普通のハワイ案内の本に平気で掲載されているのである。

ハワイを含めた海外旅行が圧倒的に「男性の旅行」だった時代は、海外旅行が一般化する一九八〇年代半ばまで続いた。それまでは、観光地を見物するときの「観光のまなざし」も男の視点ばかりだった。ハワイには美しくて豊満な若い女性が半裸で男を待っているイメー

3—16　観光客の大半が男性だった時代には、ハワイは「男のまなざしを満足させる美しい女性」というイメージで捉えられることが多かった。1930年代は船が来ると、エキゾチックな若い女性が、桟橋で「フラダンス」をしながら、腰を振って迎えてくれた。(Hawai‘i State Archives)

3—17　1973年に日本で出版されたガイドブック（実業之日本社）。表紙はパイナップルなどを前にした水着姿の若い女性。

ジがあったし、ハワイそのものが、「男を優しく受け入れる美しい女性[35]」というイメージで描かれることが多かった（3—16〜17）。

女性旅行者の急増

ところが、海外旅行が容易になり、日本からの女性の旅行者が急増するに伴い、そのようなハワイ・イメージにも徐々に変化が起きた。一九八五年には女性の海外旅行者は全体の約三五％だったが、二〇〇〇年には約四六％になった。今日でも海外出張に出る会社員は相変わらず圧倒的に男性が多いのにもかかわらず、海外旅行者数に占める女性の比率は毎年高くなっている。とりわけ二十歳代では、女性の海外旅行者の総数が男性より一〇〇万人以上も多い。若い女性が自由に海外旅行を楽しめるような時代になったのである。[36]

母と娘の海外旅行や、母、娘、孫の三世代の女性旅行者も増えている。さらに、子連れでハワイへの家族旅行を楽しむ人の数も増加している。ガイドブックにも家族で訪れることができる施設やレストランの紹介がたくさん載るようになってきたし、ワイキキのホテルなどでは子供が喜ぶようなプログラムを用意して家族連れにアピールしようとするところも出てきた。

また、ハワイはハネムーンのメッカである。今日の新婚旅行の九七％は海外へ向かうが、その四組に一組がハワイを選ぶ。[37] グアム、サイパン、アメリカ本土、ヨーロッパ諸国と比較しても、ハワイがもっとも人気がある。一九八〇年代半ば以降からよくみられるようになった海外挙式も、ハワイが一番の人気である。

さらに、近年の特徴として今までは海外に出かけることがなかった人びとが海外へ出るようになっている。移動が不自由な障害者や高齢者が旅行するようになった。その多くが比較的気軽に行くことのできるハワイを訪れる。

このような変化に伴い、ハワイ旅行のイメージは多様化してきている。従来のように、ハワイは単に男の欲望の対象として捉えられるだけではなくなった。むろん、それがなくなったわけではない。ワイキキビーチの紹介には相変わらずビキニ姿の女性が登場することが多いし、ホノルルのストリップバーやポルノショップに関する宣伝はまだ多く見かけられる。買春をして問題に巻き込まれる日本人男性も後を絶たない。しかし、日本の経済や文化状況の変化に伴い、観光の形がここ数十年のあいだにずいぶんと変化しているのも事実である。(38)ハワイはもはやスターだけが訪れる憧れの地ではないし、成人男性のための観光地でもなく、老若男女すべての人が楽しめる場所とみなされるようになってきている。

4　観光王国ハワイ

観光開発への疑念

観光は二十世紀後半のハワイにとって重要な産業になった。一九五〇年の観光客数は約五万だったが、今日のハワイには年間合計約七〇〇万人が訪れる。日本とアメリカ本土からの客が圧倒的に多いが、その他にもオーストラリア、ニュージーランド、台湾、韓国、中国、ブラジル、ドイツ、イタリアなどからの観光客もみられるようになった。ところが、観光産業が成長するにつれ、ハワイではその是非が盛んに論じられるようになってきた。観光は大きな経済的効果をもたらすが、弊害も少なくない。近年、さまざまな問題が指摘されている。

3—18 1929年のワイキキ。中央はロイヤル・ハワイアン・ホテルで、その向こうにモアナ・ホテル。観光地としての造成が進み、米やタロが栽培されていた湿地帯だったころの面影はない。それでも、高層建築はないし、まだ畑もある。

3—19 1959年のワイキキ。この年ハワイはアメリカの州になり、アメリカ本土からの観光客がさらに増えた。ワイキキ地区は建物の数も増え、30年前と比べて開発が進んでいるのがわかる。しかし、今日のようなビル群はみられない。(3—18とともに、Hawai'i State Archives)

3—20 1973年のワイキキ。わずかのあいだに、ワイキキの風景は一変した。1970年にビーチに突き出すような形で巨大なシェラトン・ワイキキ・ホテルが完成した。地元住民からは「無節操な乱開発」を強く批判する声がきかれるようになったが、その後も観光客の急速な増加に伴い、次々と新しい建物が作られていった。(National Archives)

3—21　ワイキキ地区の造成は今日も続けられている。新しいホテルやショッピングセンターが完成する一方で、ビーチも観光客の好みに合うように作られていく。もともと浜が狭いワイキキには常に砂が運び込まれ、人工的に整備されている。海岸沿いには屋外劇場なども作られ、観光客がフラや音楽を楽しめるようになっている。(Y. YAGUCHI)

一九三〇年代から七〇年にかけてのワイキキの写真を見比べると、観光開発がどれほど景観を変えてしまったかがよくわかる（3—18〜20）。三〇年代のワイキキはまだ一部の金持ちの高級リゾートで、建物の数も少なかった。既に五〇年代にはワイキキは「観光化され過ぎている」という批判もあったが、写真を見る限り、大きな建物はモアナ・ホテルとロイヤル・ハワイアン・ホテル（ピンク・パレス）だけで、残りは平屋か二階建ての個人住宅である。ところが、その後、六〇年代にワイキキは急速にビル街に変貌してしまう。そして、一九七〇年に大型のシェラトン・ワイキキ・ホテルがまるでワイキキビーチの中央を遮るような形で建設されると、市民からは強い不満の声があがった[39]。

ホノルルの新聞に掲載された社説は、それまでほぼ無制限にワイキキ開発が進められてきたことを痛烈に非難し、ハワイの住人が「生活の質よりもコンクリートを重視」してきたことを反省すべきであると主張していた。ワイキキの美しさは「完全に潰されてしまったとまでは言わないが、そうなってしまう可能性はある」と、この社説は警告していた[40]（3—21）。

深刻な環境破壊

事実、観光客の増加に伴い、さまざまな環境破壊が進んでいる。景観の破壊とともに、水不足も心配されている。一般にハワイは水が豊かな島であると考えられている。雨も多いし、川や涌き水もたくさんある。ハワイ語の地名には、「ワイキキ」など、水を指す「ワイ」という言葉が含まれるものが多い。ハワイは地下水が豊富にあり、オアフ島では日常に使用されている水のほぼ一〇〇%が地下から汲み上げられている。

しかし、オアフ島のような小さな島のなかで、一〇〇万もの人口と、年間七〇〇万人近い観光客すべての水を賄うのは難しい。ホテルのプール、シャワー、レストランなどで毎日大量の水が使われるからだ。観光客とホテル数が増えるにつれ、水資源の枯渇が強く懸念されるようになってきた。

また、観光産業の発展に伴い、交通量が増え、ホノルル市内の大気汚染が問題になっている。カウアイ島やハワイ島など、ヘリコプターツアーが盛んなところでは、騒音問題も起きている。海の汚染も深刻になっている。海岸にはゴミがたまり、観光客が集中するハナウマ湾などでは水質が低下し、珊瑚が破壊されている（3―22〜23）。ゴミの問題も深刻である。ゴミ処理場が不足し、処理費用が高くつくために、空き地などに放置される自動車などの粗大ゴミが多くなってきている。

開発の影響で、ハワイに住むさまざまな動植物が絶滅の危機にある。さらに、伝統的なハワイアン文化を尊重しようとする人びとのあいだには、観光開発がネイティヴ・ハワイアンの遺跡を破壊するという批判の声が強くある。ホテルなどの建設予定地が、ハワイアンにとって聖なる場であることは少なくない。このような状況をふまえ、一九九五年、ハワイ州最高裁判所は、ネイティヴ・ハワイアンの人びとが、伝統的な行事や儀式を行うためであれば、ホテルなどの私有地にも自由に出入りする権利を認めた。開発業者にも、伝統的な遺跡など

3—22　ハナウマは「曲がった湾」という意味で、この静かな小さな入り江にはたくさんの魚がいた。1930年代はまだ観光化されておらず、訪れる人もわずかだった。(Library of Congress)

3—23　今日のハナウマ湾。熱帯魚が間近に見られるので、人気のシュノーケリングスポットとして、連日大勢の観光客で賑わう。ハワイ州はハナウマの環境を守ろうと、週に一度はビーチを閉鎖するなど、さまざまな努力をしているが、珊瑚の破壊は進み、観光客が使う日焼け止めローションの影響で水質も低下している。(Y. YAGUCHI)

は破壊しないで、そのまま保存することが求められている。しかし、実際は歴史的に重要な遺跡などがある場所も、ホテルやゴルフ場などに変貌してしまっている。

観光客は特定のイメージを求めてハワイにやって来る。青い空、輝く太陽、美しい海。高級ブランドからローカル・グッズにいたるまでの楽しいショッピング体験。気軽に楽しめるリゾートとしてのハワイ・イメージは観光客のあいだにすっかり定着した。ネイティヴ・ハワイアンの権利回復運動や生態系の破壊の問題など、自分たちの抱く「パラダイス」観に合わないものは、かれらの視野には入らないし、地元のハワイでも、こうした問題を見せないようにすることが多い。

作られたパラダイス・イメージ

このような傾向は既に一九二〇年の『最新布哇案内』にもあった。第I章でみたように、一九二〇年三月、この観光案内書がハワイで発刊されたとき、ハワイでは労働者による一大ストライキが決行され、資本家はそれを徹底的に弾圧しようとしていた。ストライキに参加した日本人労働者はハワイを転覆しようとする「日本国の陰謀」の手先だと糾弾されていた。同時に、その年はインフルエンザが猛威をふるい、「悲壮悲惨」と形容される状態のなか、多数の犠牲者が出ていた。しかし、ハワイを「洋上の楽園」とする『最新布哇案内』で、こ

3—24　ハワイ島コナのショッピングセンター。屋根に大きく「アロハ」の文字がある。観光客に対する歓迎の気持ちを表すものだが、「アロハ」を宣伝の道具とすることには強い批判もある。(Y. YAGUCHI)

のような社会状況が言及されることは決してなかった。オアフ島をはじめ、各地にあるサトウキビの「耕地」の説明は、「日本人多し」「日本人学校あり」などの簡単な描写だけで、労働者の苦しい生活は一切言及されなかった。

今日にいたるまで、ハワイ案内書が提供するハワイ・イメージの大半は「ハワイ大好き！」「ハワイで買いだおれ、遊びだおれ」「オールド・ハワイに抱かれる」「家族で夏の定番ハワイ」などというもので、観光客の期待を満足させる場として描かれている。ハワイには観光客をあたたかく迎える「アロハ・スピリッツ」があることが強調される。このような描写は、観光客の求めるイメージの枠のなかにハワイを押しこむことで、ハワイ社会の持つ長く複雑な歴史を単純化し、ハワイを観光客の欲望を満たす「パラダイス」へと転化させる。

観光産業に依存するハワイも、積極的にこのようなパラダイス・イメージを促進しようとする。日本の海外旅行自由化の時期から万博にいたるまで、ハワイ州がいかにして日本人観光客を呼び寄せようとしていたかは既にみたとおりである。一九八〇年代初期には、アメリカ本土からの観光客の減少に悩むハワイ州観光局は、日本からの客に期待して、ハワイを「笑顔の島」として大々的に売り出そうとした。そして、ハワイの住人たちに対して、日本からの観光客を今まで以上に歓迎するよう促した。「アロハの精神で日本人にもっとサービスしよう！ そうすればもっと利益が得られるだろう！」という趣旨のポスターが作られ、州内の各地に掲示された。「アロハは売り買いできる精神ではない」という批判の声をよそに、ハワイ州政府関係者は日本人に喜ばれるようなハワイを作り上げる努力をしたのである(41)（3―24）。

その後も「ハワイをもっとロマンチックにしよう」というキャンペーンが八〇年代に繰り広げられたし、今日までさまざまなキャンペーンが繰り返し行われている。それに伴い、観光客の望む「パラダイス」を作るために、環境破壊、水不足、ネイティヴ・ハワイアンの遺跡の破壊なども進行し続けているのである。

フラ・カヒコのレッスン

二十一世紀を迎え、ハワイ観光はひとつの岐路にある。開発一辺倒の時代は終わり、自然環境や地元住人との共存を考えなければならないときが来ている。ハワイの美しい自然、限られた資源、健全なハワイ経済、ネイティヴ・ハワイアンの伝統、すべてをバランス良く維持し続けるために何をするべきか考えようという声が地元では強くなっている。

もちろん、そのようなバランスを確保するのは実際にはとても難しい。環境や水資源に配慮するために一番簡単な方法は観光客の数を制限することだろう。しかし、ハワイ経済の観光依存を見れば、そのようなことは無理だろうし、そもそも今日のグローバル化する社会のなかで観光客の数を恣意的に制限することは現実的ではない。それならばと、従来とは異なる、新しい観光の形態を模索する努力がはじめられている。

とりわけ、ハワイを訪れる観光客に、今までのような「南国パラダイス」というイメージ以上のものを体験してもらうことで、ハワイの歴史や自然、ハワイ社会の直面する問題を理解してもらおうとする動きがみられるようになっている。そのひとつに、ホノルルのビショップ博物館で行われているフラ・カヒコの体験レッスンがある。従来、観光客のフラの体験とは、スチール・ギターやウクレレなどのハワイアン・メロディに合わせて、腰と手を動かして楽しく踊るといったものが普通だった。

このような傾向に対して、ビショップ博物館では、フラ・カヒコという古典のフラを教える試みがなされている。(42)イプという瓢簞《ひょうたん》から作られた伝統的な楽器のリズムと、先生の祈りの声に合わせて、フラの基本動作を習う。腰の動きからはじめて、足の動き、手の動きを覚える。そのとき、ひとつひとつの動きが意味するものを教えてもらう。レッスンは三〇分ほどだが、なんとか一連の動きができるようになる。

むろん、こうしたレッスンも観光がハワイにもたらす問題を根本的に解決するものではない。むしろ、フラ・カヒコを観光客に教えるのは、古典のフラまでをも観光客の欲望と消費の対象としてしまうことだとして批判する声も強い（事実、観光客はレッスン終了後、楽器などを手に取り、演奏するポーズをして写真を撮ったりしている）。また、ハワイの長い歴史のなかで生まれ、守られてきたフラの伝統が、三〇分程度のレッスンで十分に理解できるわけはないという批判もある。

先入観を揺るがす体験

しかし、こうしたレッスンは、大半の観光客が頭に描く「フラダンス」のイメージを、身体の動きを通して多少なりともあらためる効果があるのではないか。ビショップ博物館でフラ・カヒコの体験をした人は、少なくとも「フラダンス」とは異なるフラが存在することを身体で理解する。若大将のおばあちゃんが赤いムウムウを着て、楽しそうに腰をくねらせ、腕をふっていた踊りとは根本的に異なるフラがあることを身をもって知る。観光客がフラの意味を完全に理解できなかったとしても、かれらがハワイ文化に抱いていた先入観が多少とも揺るがされるという意味で意義深い。このような体験をきっかけとして、ハワイの歴史や

文化をもっと学ぼうという気持ちを持つ人もいるだろう。(43)

観光とは、ある土地の人がよその土地を訪れる行為であり、人と人との出会いを作り出す。ただし、その出会いに必ずしも理解が伴うわけではない。訪問する側と訪問される側の双方に、他者を理解しようとする意志がなければ、充実した出会いの可能性は生まれてこない。フラ・カヒコのレッスンのような試みがさらに展開されると同時に、日本からの観光客がそれらに参加してハワイに対する理解を深めていく努力をすれば、より深みと内実のある出会いが、観光を通しても成立していくのではないだろうか。

第IV章

これからのハワイ

HAWAI‘I

1　南の島のハメハメハ大王

ハメハメハワイ

「ハワイと聞いて思い浮かぶ言葉は何ですか」と学生たちにたずねてみたことがある。「ビーチ」「サーフィン」「ショッピング」などの答えは予想どおりだった。しかし、「大王」や「王様」という答えがたくさんあったのにはいささか戸惑った。

「いったい、大王とはなんだろう」と不思議に思っていると、そのうち、「ハメハメハ」とか「カメハメハ、いや、ハメハメハだったっけ？」「ハメハメハ、いやカメハメハかな？」などという答えが出てきた。

NHKの人気番組「みんなの歌」のヒット曲のなかに、「南の島のハメハメハ大王」という歌がある。伊藤アキラ作詞、森田公一作曲のこの歌は一九七三年に発表されて以来、子供たちに親しまれてきた。「みんなの歌」の人気曲を収録したベスト版のCDにも、「山口さんちのツトム君」や「大きな古時計」などとともに入っている。

子供のときにこれを歌ったのを覚えている人も多いだろう。「よく口ずさんでたよ」とか、「学芸会でこれに合わせて踊ったことがある」などという人もいる。「南の島のハメハメハ大王」は多くの日本人の心に残っているようだ。
歌詞を紹介しよう。

南の島の大王は
その名も偉大なハメハメハ
ロマンチックな王様で
風のすべてが彼の歌
星のすべてが彼の夢
ハメハメハ　ハメハメハ
ハメハメハメハメハ

南の島の大王は
女王の名前もハメハメハ
とてもやさしい奥さんで
朝日の後で起きてきて
夕陽の前に寝てしまう

ハメハメハ　ハメハメハ
ハメハメハメハメハ

南の島の大王は
子どもの名前もハメハメハ
学校ぎらいの子どもらで
風がふいたら遅刻して
雨が降ったらお休みで
ハメハメハ　ハメハメハ
ハメハメハメハメハ

南の島に住む人は
誰でも名前がハメハメハ
おぼえやすいがややこしい
会う人会う人ハメハメハ
誰でも誰でもハメハメハ

ハメハメハ　ハメハメハ
ハメハメハメハメハ

この南の島がどこにあるのか、歌詞には書かれていない。しかし、ここが実はハワイだということを思わせる言葉が、あちらこちらにちりばめられている。「ハメハメハ」というのは、ハワイ王朝の偉大な王であったカメハメハをもじって、上から読んでも下から読んでも同じになるよう作り変えたものである。また、歌詞には書かれていないが、ところどころに「アロハ！」というハワイ語の挨拶も入る。

「ハメハメハ〜」と楽しく歌っている子供たちが、どこまで歌詞の意味を理解しているかはわからない。しかし、これを子供のころに歌ったことのあるおとなたちは、だいたいの内容は覚えていて、「そういえばハワイでは誰でもかれでもハメハメハだった気がする」だとか、「みんな朝日の後に起きてくるんだよね」と回想する。ボクの友人は子供のころ、この歌を聞いて、「風がふいたら遅刻して、雨が降ったらお休みで」というフレーズにとりつかれ、そんな南の島にどうしても移住したいと真剣に考えたそうだ（という彼も今では大学の先生になっている）。この歌の人気の秘密は、簡単で覚えやすいメロディだけではなく、その歌詞にもあるようだ。

「南の島ではみんな怠け者」

この歌で描写されている南の島（＝ハワイ）とはどんなところだろう。そこはまず、日本と陸続きではない、どこか遠いところだ。大王が統治している国である。近代産業社会とは対照的な、毎日、星を見て、風を感じて生活ができる自然とロマンがいっぱいの未開の地だ。そして、朝日の後に起きてきて、夕陽の前に寝てしまうし、風が吹いたら遅刻して、雨が降ったら休んでしまう。みんなとてものんき気なのである。

ここにあるイメージは、日本に住む子供がおかれている状況とは対照的なものだ。天皇はいるけれど、「大王」のイメージとは違う。産業の急速な発展のもと、都市に人口が集中し、ネオンきらめく東京や大阪の街かどでは、空を見上げても、もうあまり星は見えない。ビルが乱立する都心や、排気ガスでいっぱいの道路には、心地良い風を感じながら夢を見るロマンは存在しない。

そんな今日の日本社会では、風が吹こうが、雨が降ろうが、過労でへとへとになろうが、さぼりや遅刻はいけないし、みんな学校や会社に行き続けなければならない。

私たちは他者や異文化について語るとき、相手の特徴のなかでも、もっとも自分と異なる側面を強調する傾向がある。だから、「あの人はこうである」という描写は、「自分はそうではない」という主張の裏返しであることが多い。「南の島ではみんな怠け者である」というメッセージの背景には、「日本に住む自分たちはそうではない」という意識があるのではないか。

怠惰な人びとを描写するこの歌詞には、戦後民主主義のもとで、一生懸命に勉強し、規律を守る「正しい」子供を育てあげようとする日本の親と、それに応えようと頑張る子供たちの決意が見え隠れしている。だから、ハメハメハの歌は「南の島」について歌いながらも、そのネガとして、現代の日本の社会を描写する歌といえる。

夢の世界

ハメハメハ大王とその仲間たちは、日本とは異質な世界に住む怠け者集団である。しかし、実はそのような世界は悪くないかもしれない。雨が降るたびにお休みになる学校は困るけれど、そんな学校にちょっぴり通ってみたい。みんながハメハメハの島はなんだか気持ち悪いけれど、個性のことなんて忘れて、星や風に包まれながらのんびりと過ごすのもいいかもしれない。

日本で「南の島のハメハメハ大王」を口ずさむ子供たちは、まわりの環境とはまったく異なる価値観を持つ世界を頭に思い浮かべ、そこに魅力を感じているに違いない。実際、ハワ

4—1　ホノルル市内のビーチ。多くの観光客にとって、ハワイとは何もせずにのんびりと一日を過ごすところだ。(Y. YAGUCHI)

イを訪れるとき、おとなは自分の日常生活を規制している価値観と対照的なものをそこに求める。第III章でみたように、ハワイを訪れる観光客が求めるものは、「南の島のハメハメハ大王」の世界なのである。ロマンチックで、風が心地よく、星を見ながら夢見られる世界。女性はとても優しいし、一日中ぼんやりと寝そべっていられる日々（4—1）。そんな「夢の世界」をハワイに見出そうとする。

2　ハワイ小史

ポリネシア文化圏

「南の島のハメハメハ大王」はハワイを日本社会の裏返しの世界として歌っている。それでは、実際に王のいた時代のハワイはどのようなところだったのだろう。これまで論じてきた時代よりさかのぼって、ハメハメハの語源のもととなったカメハメハを中心に考えてみたい。

現在のハワイには実にさまざまな人びとが住んでいる。十八世紀後半以降、アメリカやイギリスをはじめとして、ポルトガル、ドイツ、ノルウェー、プエルトリコ、サモア、フィリピン、ヴェトナム、朝鮮半島、中国、沖縄、日本などから移民が渡ってきたからだ。その結果、ハワイは今日のアメリカのなかでも、もっとも多文化な州のひとつとして知られている。しかし、十八世紀末にいたるまでは、今日「ネイティヴ・ハワイアン」と呼ばれる先住民だけが住んでいた。

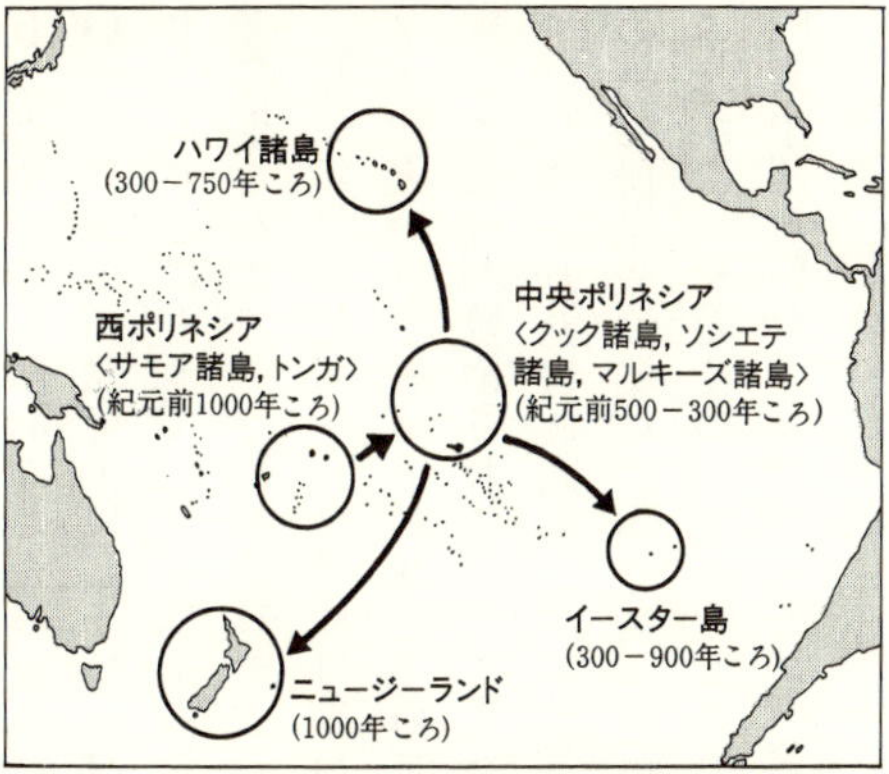

ポリネシア人の移動

　最初にハワイに人が渡ったのは、西暦三〇〇年から七五〇年くらいのあいだといわれる。人類学的にはポリネシア文化圏に属する。これは、西はトンガから東はイースター島まで、南はニュージーランドから北はハワイまで、太平洋一帯に広がる大文化圏である。

　ポリネシア文化圏を構成することになる人びとは、西から東へ、太陽の昇る方向へと徐々に移住していった。東南アジア方面から、トンガとサモアを経由し、マルキーズ諸島へ到着した。その一部が北方のハワイへ渡ったと考えられている（地図）。なぜそれほどまでの大航海をしたのかは不明だが、飢饉や戦争から逃れて来たと推測する説が多い。いずれにせよ、歴史上はじめてハワイに到着した人びとは、南西方面からやって来た。つまり、かれらにとってハワイは南の島ではなく、北東の島であったわけである。その後、一三〇〇年ころまで、今日のタヒチとの交流が盛んになり、ハワイ文化の基礎が作られた。

長い年月を経て、ハワイには独自の社会が作られていった。十八世紀末まで、島々は「ハワイ」という名のもとに統一されてはおらず、強大な権力を持つ数人の「王」（アリイヌイ）によって分割統治されていたと考えられている。王を頂点とする階級制度が発達し、土地を分け与えられた貴族階級（アリイ）、さらに分割された土地を管理する首長（コノヒキ）、その下で農業や漁業に従事する平民階級（マカアイナナ）に分かれていた。また、貴族や平民のほかに、祈禱《きとう》や占いなどをしたり、特別な儀式をつかさどったりするカフナと呼ばれる専門家集団もいた。カフナはカプ（禁忌）制度が厳格に遵守されるよう監視する責務を負っていた。

ヘイアウと呼ばれる神殿

ハワイでは固有の宗教観が発達した。命の神カネ、戦いの神クウ、収穫の神ロノ、海の神カナロアが主要な神であり、他にもたくさんの神々が信仰されていた。これらの神は風や雨、木や花などになって人びとの前に現れると考えられていた。王は神の末裔で、「マナ」と呼ばれる特別な力を有しているとみなされた。このような神々を祀るために、ハワイ各地には「ヘイアウ」と呼ばれる神殿が建てられた（4―3〜4／口絵参照）。

神々を讃えるために、「メレ」という詩が唱えられた。メレには、神々や先祖を讃えるものの他に、王や貴族を賞賛するもの、土地の美しさを謳うもの、戦いを記念するもの、豊穣を祈念するもの、癒しを求めるものなどがあった。メレ・オリと呼ばれる独唱される詩と、

4―3　オアフ島のノース・ショアにあるプウ・オ・マフカ・ヘイアウ。このオアフ島最大のヘイアウは、17世紀ころに建築されたと推測され、ワイメア渓谷を見下ろす丘の上にある。高台におびただしい数の岩石を使ってヘイアウを作らせた当時の王の権力を物語るものでもある。ヘイアウは今日もネイティヴ・ハワイアンの人びとには聖なる場所で、常に供え物がおかれている。(4―4とともに、Y. YAGUCHI)

4―4　ハワイ島コナの北にあるプウ・コハラ・ヘイアウ。1790年から91年にかけてカメハメハ一世によって、戦いの神に捧げるための神殿として作られた。その後、カメハメハは次々と勝利を収め、1810年にはハワイ統一王朝を築いた。今日、国立公園に指定されている。

4—5　1816年に描かれたフラ。ここでは男性が演じている。フラは本来、詩の内容を身体の動きで表現するもの。この絵はフラを知らない画家によるもので、細かな姿勢は正確ではない。欧米からの訪問者にとって、フラはとても興味深いものに映ったようだ。しかし、1820年代以降、キリスト教の宣教師たちが力をつけてくると、「みだらなもの」として禁じられるようになった。(Hawai'i State Archives)

メレ・フラという踊りとともに唱えられるものの二種類があった。ただし、フラは音楽に合わせて踊る西洋的な「ダンス」ではなく、詩で語られている内容を身体で表現する「動き」だった。ひとつひとつの動きにはさまざまな意味が込められていた（4—5）。

　フラの踊り方には決まりがあり、クム・フラという踊りの師が、ハラウと呼ばれる場で踊り手たちを指導した。男性も女性もフラを踊ったが、もともとは両者が一緒に踊ることはなかったと考えられている。フラはコミュニティのきずなを深めるためのものであり、王家の出産などの祝い事や、神聖な儀式のときに踊られることが多かった。

アフプアア

各地域の首長が管理していた土地はアフプアアと呼ばれ、通常、山から海までの扇状地を単位としていた。ハワイでは海岸からすぐに山がそびえているところが多い。山から海に向かって川が流れているが、この川を中心に、山のふもとから海まで続く三角形の土地一帯が、ひとつのアフプアアだった。

アフプアアは生活共同体でもあった。山に生い茂る木々は、カヌーや住居などの材料になった。山には大切な薬草も生えていた。森を飛ぶ鳥の羽は、貴族が着る鮮やかな色の衣装に使われた。山を少し下ったところには、主食のひとつであるバナナの林があった。

また、ティと呼ばれる植物はハワイでは一般的にみられるが、さまざまな用途に使われた。葉は衣服などの材料として使われ魔除けの効力もあるとみなされていた。調理にも不可欠で、肉や魚を葉で包み、熱い石の上で料理した。ティの根は蜂蜜のように甘く、発酵させて酒にすることもできた。

さらに山を下った川沿いの土地ではタロという芋が栽培されていた（口絵参照）。タロの栽培にはたくさんの水を要し、川から畑へと水が引かれていた。タロは里芋に似ていて、南太平洋の島々では一般的な食料だ。ハワイでは「カロ」と発音され、ポイと呼ばれる料理にして食されることが多い。ポイは蒸したタロイモをペースト状に練り、水でのばしたものである。数日おいて、発酵させてから食べるのが普通だ。

さらに下って海岸沿いまで行くと、ココナツの木があった。沖では盛んに漁業が行われて

4—6　オアフ島にあった養殖池。池には淡水や塩水などの種類があり、それぞれの水質に合った魚が養殖されていた。これらの魚はタロと同じように「税」として貴族に納められ、最終的には王のものとなった。ハワイ各地にあった養殖池の多くは20世紀の急速な開発とともに姿を消していった。しかし近年、養殖池の価値を見直し、再び利用しようとする動きがある。(Hawai'i State Archives)

いた。養魚技術もたいへん発達していて、今日、養殖池の跡地が五〇〇ほども確認されている。天然の地形を利用したものもあれば、人工的に作られたものもあった（4—6）。池の規模はさまざまだったが、平均約一五エーカー、東京ドームの一・五倍分に相当するほどの大きさだった。塩水池、半塩水池、淡水池があり、さまざまな種類の魚介類が養殖されていた。

アフプアアには豚、鶏、犬が食肉用として飼育されていた。豚は宗教儀式の際に食されることが多かったが、鶏と犬は日常的に食用とされていた。

アフプアアはハワイ社会の基盤だった。住人の多くは海岸のそばに住んで、住居の近くに菜園用の小さな畑を営みながら、少し登ったところにあるタロ畑で農作業をしていた。とはいえ、これらの土地は私有財産ではなかった。すべての土地は神のものであり、王が管理しているのであった。だから、住人は一定量の農産物や魚を税として首長に渡し、首長がそれを貴族に届け、最終的に王の手に渡されるのだった。このようなアフプアアがいくつも集まってハワイ社会は構成されていた。

クックの到来とカメハメハによる統一

十八世紀末から十九世紀前半はハワイの歴史の重要な転換期だった。ほぼ同時期に、ふたつの大きな事件が起こった。そして、そのふたつは密接に関係していたのである。ひとつはイギリス人ジェームズ・クック船長のハワイ到来、もうひとつはカメハメハによるハワイ統一である。

クック船長率いる二隻の船がハワイにやって来たのは一七七八年一月十八日のことだった。それまで、ハワイ諸島の存在は知られていなかった。ポリネシア文化圏との交流は何世紀にもわたって絶たれていたし、太平洋を行き来していたヨーロッパやアメリカの船舶も、長いあいだハワイの存在に気づかなかった。

クックの到来以後、ハワイはヨーロッパやアメリカの地図に書き加えられるようになった。貿易や軍事戦略を重視する国際関係のなかに位置付けられるようになり、欧米の物資や思想、世界各地からの移民が流入するようになった。

異文化からやって来る「他者」との出会いが増えるにつれ、ハワイに住む人びとは自分たちのことを、「ハワイアン」であると意識するようになった。こうした意識は、クックの死後まもなく達成されたカメハメハによるハワイ諸島の統一によって、さらに強固なものになる。

クックがハワイに来たとき、ハワイ諸島は三人の王によって分割統治されていた。カラニオプウ、カヘキリ、カウムアリイという王がそれぞれハワイ諸島の一部を支配していた。カラニオプウは今日のハワイ島の全島とマウイ島の一部に君臨していた。彼にはキヴァラオという息子と、カメハメハという甥がいた（4―7〜8）。彼の死後、王権は一度は息子のキヴァラオによって継承された。しかし、カメハメハはキヴァラオとの戦いの末、ハワイ島を手中に収め、今度はマウイ島を統治していたカヘキリと戦うことになった。カヘキリとの戦いに備えるため、カメハメハはハワイに寄港した西洋の船から軍事顧問を迎え入れ、白人の持

4―7　1816年ころにハワイを訪れた画家による洋服を着たカメハメハ一世の肖像画。伝統を保持しながらも、欧米から文物を取り入れていた。
(Hawai‘i State Archives)

4―8　ホノルル市内のイオラニ宮殿の前に立つカメハメハ像。ハワイでもっとも有名な銅像だ。肖像画とは対照的に、ハワイアンの王侯が身につけた羽毛のマントを着ているが、顔はとても西洋的である。(Y. YAGUCHI)

つ武器の知識と技術を利用しようとした。

大砲をはじめとする西洋の武器を駆使したカメハメハ軍は、次々と敵を打ち破り、マウイ島、カホオラヴェ島、ラナイ島、モロカイ島での覇権を確実なものにした。一方、ハワイ島内に残っていた反カメハメハ派は、戦いに赴く途中、火山の噴火に遭って全滅した。ハワイでは火山が神聖視されていたので、人びとは神がカメハメハの味方をしていると考えた。さらに、カメハメハ軍は一七九五年にオアフ島のヌアヌ・パリの崖で敵を破り、カウアイ島とニイハウ島を除いた地域を手中に収めた。

カウアイ島とニイハウ島を支配するカウムアリイは長期間抵抗したが、一八一〇年に両島の覇権をカメハメハに譲ることに同意した。こうして、カメハメハは念願のハワイ諸島統一を達成する。ハワイという国家が確立され、島民は国際的にも「ハワイアン」と呼ばれるようになった。この統一王朝は、一八九三年に白人たちのクーデターによって倒されるまで続いた。

西洋の技術を導入

クックの到来後、三二年で統一を達成したカメハメハは、優れた能力を持つ勇猛な戦士だった。また、外界との接触を巧みに利用した策士でもあった。統一王朝の確立後も、外の世界との関係を維持し、王権の強化に活かし続けた。

カメハメハは西洋との貿易に熱心だった。白人を雇って商取引を管理させ、西洋からさまざまなものを購入した。とくに、軍事力を強化するため、大砲や銃などを大量に手に入れた。カウアイ島を攻撃するにあたって、カメハメハ軍は数多くの大砲に加え、旋回銃、マスケット銃などを有していた。

また、彼はアメリカやイギリスから何隻もの船を購入し、さらに造船技術を学ばせ、ハワイ独自の大型帆船を造らせた。その他にも椅子、ランプ、テーブル、花火、ビロードやサテン地の織物、傘、シルク・ハット、ハンカチ、靴、靴下、ガラスのビーズ玉、やかん、釘、米、小麦粉など、購入した物品は多岐にわたっている。つい数十年前までは考えられなかった品物が次々と西洋の商人によってもたらされるようになった[1]。牛や馬などの家畜もこのころ欧米から導入された（**口絵参照**〈J・D・ストロングの絵〉）。

白檀貿易

そのような西洋の物品を手に入れるため、カメハメハはイギリスやアメリカから来た商人に、ハワイの資源を積極的に提供した。なかでも、白人商人が求めたのは、白檀の木だった。

白檀はハワイではイリアヒと呼ばれ、山にたくさん生い茂っていた。イリアヒは香《かぐわ》しく、王や貴族はその粉末を衣服にまぶしていた。枝は楽器の弦などに利用されていた。

白檀の香りは中国でも大変に好まれ、香木や漢方薬として使われたり、扇子などの工芸品に加工されたりしていた。そのころ、ヨーロッパやアメリカでは、中国から茶や陶器の輸入が急増していたので、商人たちは逆に中国へ輸出できるものを探していた。はじめのうちは、アメリカ太平洋岸で捕獲された動物の毛皮を中国に持って行って交易していたが、十九世紀に入ると毛皮貿易から得られる利益が下落したこともあり、白檀に注目するようになった。ハワイでは一ポンド（約四五〇グラム）一セントたらずで売られていた白檀が、中国では三〇セント以上の値で売れた。その金で茶や陶器を購入し、ヨーロッパやアメリカの市場で売りさばけば、大儲けできるはずだった[2]。

ハワイからの白檀の輸出は一七九〇年代から少しずつはじまっていた。十九世紀に入ると、カメハメハは積極的に白檀を売り続けた。死の直前の一八一九年には、白檀約五〇トンと、ヨーロッパからのラム酒一六樽、紅茶一箱、八〇〇〇ドル分の武器とを交換した記録が残っている[3]。

莫大な負債を抱える貴族たち

カメハメハは強大な権力を持っていたから、白檀貿易をほぼ独占することができた。しかし、一八一九年に死亡すると、貴族たちも白檀貿易に手を出すようになった。カメハメハの後を継いだ息子のカメハメハ二世の政権は不安定で、親族が実質的にハワイを統治するようになった。各地の貴族は貿易を独占しようとする王家の意向に従わず、自分の管理する土地に生えている白檀を勝手に売りさばいて、西洋の物品を入手するようになった。王権が弱体化した後、貴族たちは贅沢品を大量に購入した。贅沢品を持ち、それを誇示することが権力の証《あかし》だったからである。

一方、ちょうどカメハメハ一世が死去したころ、アメリカ合衆国は深刻な不況に襲われていた。商人の多くは破産の憂き目にあっていた。かれらのなかにはハワイの白檀をどんどん中国に輸出することで窮地を逃れようとした者もいた。

白檀を売って西洋の物品を購入しようとするハワイの貴族の欲望と、白檀を売りさばいて儲けようとするアメリカ商人の欲望が合致して、白檀貿易は飛躍的に増加した。その結果、以前ハワイは「白檀の山」とまで形容されていたのに、白檀の木はあっというまになくなってしまった。

また、白檀の伐採に人手が駆り出されたため、タロ畑での作業がおろそかになり、農産物の生産量が激減し、人びとが飢えるようになった。木がなくなった山からは、土砂が川、そして海へと流れ込んだ。タロが栽培されていた水田や、海岸沿いの養殖池には土砂がたまり、使えなくなってしまったものもあった。

白檀貿易の結果、ハワイは西洋と中国を結ぶ国際貿易の流れに組み込まれた。ハワイの住人が島内のことだけに目を向けている時代は終わった。島外から人と物が流れ込み、島の物が外へ出ていった。王や貴族は大量に西洋の物品を手に入れたものの、膨大な額の借金を負うことになった。西洋から欲しいものを手に入れるため、白檀が足りないときは、「つけ」で買った。西洋の商人も、自分の立場を強くするため、このような取引をどんどん引き受けた。こうして、国際貿易のイロハに不慣れだったハワイの貴族たちは、莫大な負債を抱えるようになった。

ハワイ王朝の滅亡

カメハメハが白人を政権維持のために積極的に利用して以来、ハワイに住む白人の数は着実に増加していった。第I章でも述べたように、白檀貿易の後は、捕鯨産業が栄え、その後はサトウキビ栽培がハワイ産業の中心となった。その過程で、白人を中心とする外国人は王朝の政権に大きな影響力を持つようになり、一八五〇年には外国人の土地私有が認められた。白人たちは広大な土地を次々と入手した。世界各国からやって来た移民を抱える大規模なサトウキビ農場を経営したり、アメリカとの貿易に従事したりして大きな利益を上げた。商人以外の白人も、法律や経済などの専門家としてハワイ政府で働いたり、キリスト教の宣教師としてハワイアンに布教活動をしたり、西洋的な学校教育に力を注いだりしながら、ハワイ社会において多大な力を有するようになった。かれらは徐々にハワイ社会の実権を握るようになっていた。ハワイ政府の閣僚のほとんどは白人宣教師、大土地所有者、有力商人かその親戚縁者で固められた。そして、欧米の政治思想の影響のもと、憲法が制定され、議会が設けられ、形のうえでは立憲君主制度が確立された。

しかし、王の権力は、政治力と経済力の拡大をもくろむ白人指導者たちには不都合だった。一八八七年、ハワイの白人指導層は王の権力をさらに弱めるため、従来の憲法をあらため、新憲法を発布することをカラカウア王（一八三六—九一）に強制した（4—9〜10）。王が議会に対して持っていた拒否権を剝奪したうえ、ハワイ在住の白人外国人男性がハワイに帰化しないままでも参政権を得られるよう認めさせた。

また、それまでハワイアンの貴族だけによって構成されていた貴族院に、一定以上の財産を持つ白人の選出を可能にさせた。これによって、ハワイ在住の白人はいっそう大きな政治権力を手にした。このような動きに対して抵抗を示したハワイアンもいたが、聞き入れられなかった。

一八九一年にカラカウア王が死去すると、妹のリリウオカラニ（一八三八—一九一七）が

4—9　1881年に日本を訪れたカラカウア王。明治天皇に謁見して、日本人労働者をハワイに送るよう要請。日本人移住の道を開いた。前列左から嘉彰親王（小松宮彰仁親王）、カラカウア王、佐野常民（大蔵卿・内国勧業博覧会副総裁）、チャールズ・ジャッド、得能良介（大蔵省印刷局長）、ウィリアム・アームストロング。ジャッドとアームストロングはカラカウアのこの世界一周の旅に随行していた。(Hawai'i State Archives)

4—10　ワイキキの目抜き通りの道沿いに立つカラカウア王の銅像は、日本からの官約移民100周年を記念して立てられた。「銅像は日系人の先祖をハワイ移民として招待したカラカウア王に対する感謝とアロハのシンボルである」と刻まれている。(Y. YAGUCHI)

ハワイ王朝初の女王として後を継いだ。彼女は権力の大半を白人が掌握している状況を深く憂慮し、ハワイアンによるハワイ王朝の権威復活を図った。一八九三年一月十四日、彼女は新憲法を発布し、王権を再強化して白人閣僚や議会の力を弱めようとした。参政権もハワイ王朝の国籍を持つものだけに限定しようとした（4—11〜12）。

ハワイに住む白人たちはこれに対抗し、クーデターを企て、一月十七日に新政府の樹立を宣言した。リリウオカラニ政権に対する白人の反乱を、当時のアメリカ領事と、ハワイ沖に停泊していたアメリカ海軍は半ば公然と支持していた。領事はアメリカ軍にホノルル上陸を指示し、白人新政権を支援する姿勢を明確にしたのである（4—13）。大国アメリカの支持を得られない状態で、

4—11　ハワイ王朝初の女王に就任したリリウオカラニは、この写真からもわかるように、欧米の文化にも通じていた。一方で、女王即位後は、ネイティヴ・ハワイアンによるネイティヴ・ハワイアンのための政府を作ることに尽力した。しかし、白人グループのクーデターによって、志半ばで退位させられ、ついには「反逆罪」で逮捕、幽閉された。教養豊かな女王は作曲家としても著名で、「アロハ・オエ」などの名曲を作った。(Hawai'i State Archives)

4—12　リリウオカラニが住んでいたイオラニ宮殿の裏には、彼女の銅像が立てられている。宮殿を背にし、ハワイ州の議事堂に顔を向けている。政治の場から無理やり引き離された彼女だが、死後ハワイの政治の中心地に再び据えられることになった。広場の向こうにはダウンタウンの高層ビルが立ち並ぶ。今日のハワイの政治や経済をみて、リリウオカラニは何を思うのだろう。(Y. YAGUCHI)

リリウオカラニが政権を維持することは不可能だった。彼女は抗議宣言を発しながらも、もはやどうすることもできず、退位した。また、女王の姪で次期の王位を約束されていたヴィクトリア・カイウラニは、留学先のイギリスからワシントンに渡り、新政府の違法性をアメリカ国民に訴えた。しかし、美貌と教養で知られた、この若きプリンセスの努力は報われなかった。

クーデターで樹立された暫定政府は、翌年、正式にハワイ共和国になった。共和国は大統領の選出すら選挙で行わない非民主的な国家だった。権力の中枢にいたのは白人男性で、そのなかにはアメリカ本土から移住してまもない者さえ含まれていた。

4―13　1893年1月17日、白人クーデターを支援するアメリカ軍がホノルルに上陸した。後に、グローヴァー・クリーヴランド大統領は軍の介入を違法と判断し、ハワイ併合を拒否した。1993年にビル・クリントン大統領がネイティヴ・ハワイアンに謝罪をした際にも、このアメリカ軍の行動の過ちが指摘された。(Hawai'i State Archives)

「有名な花」

リリウオカラニを支持するネイティヴ・ハワイアンの人びとは、このような状況に対する反対運動を続けていた。ハワイ住人の四万人近くから署名を集め、アメリカ政府に対して白人政権は正当性がないことを訴えたが、聞き入れられなかった。一八九三年の王朝転覆後には、「カウラナ・ナ・プア」（「有名な花」）という歌が作られ、多くのハワイアンに歌われるようになった。人びとは毎日のようにイオラニ宮殿に集まり、リリウオカラニに聞こえるようにこの歌を斉唱していたという[4]。

カウラナ・ナ・プア・アオ・ハヴァイイ（ハワイの子供たちは広く知られている）
クウパア・マ・ホペ・オ・カ・アイナ（土地につねに忠実であるということを）
ヒキ・マイ・カ・エレレ・オ・カ・ロコ・イノ（邪悪な心を持つ使者が）
パラパラ・アヌヌ・メ・カ・パカハ（あくどい脅迫状を持ってやってきても）

パネ・マイ・ハヴァイイ・モク・オ・ケアヴェ（ハワイ、ケアヴェの土地が応える）
コクア・ナ・ホノ・アオ・ピイラニ（ピイラニの湾が助けてくれる）
カコオ・マイ・カウアイ・オ・マノ（カウアイのマノも支持してくれる）
パアプ・メ・ケ・オネ・オ・カクヒヘヴァ（カクヒヘヴァの砂も助けてくれる）

アオレ・アエ・カウ・イ・カ・プリマ（誰も署名などしない）

マ・ルナ・オ・カ・ペパ・オ・カ・エネミ（敵の書類には）
ホオフイ・アイナ・クアイ・ヘヴァ（併合の罪の書類）
イ・カ・ポノ・シヴィラ・アオ・ケ・カナカ（土地に住む我々の権利を売り渡す書類）

アオレ・マコウ・アエ・ミナミナ（我々は心を動かされない）
イ・カ・プウカラ・オ・ケ・アウプニ（アメリカ政府の金などには）
ウア・ラヴァ・マコウ・イ・カ・ポハク（金などよりハワイの石で満足）
イ・カ・アイ・カマハオ・オ・カ・アイナ（我々の土地はすばらしい食料をもたらす）

マ・ホペ・マコウ・オ・リリウラニ（我々はリリウオカラニを支持する）
アロアア・エ・カ・ポノ・オ・カ・アイナ（土地を治める権利を回復するまで）
ハイナ・イア・マイ・アナ・カ・プアナ（述べ伝えよ）
オ・カ・ポエ・イ・アロハ・オ・カ・アイナ（この土地を愛する人びとについて）

ケアヴェ、ピイラニ、マノ、カクヒヘヴァなどの伝説の王を讃えながら、かれらがハワイを守ってくれている限り、白人政権に屈するべきではないと、ネイティヴ・ハワイアンの人びとは主張していた。アメリカの一部となってサトウキビの輸出で利益をあげるよりも、ハワイの土地が与えてくれる食料を糧としながら生きていこうというのだった。

そして、一八九五年一月には王朝復活を図る有志がリリウオカラニの支持を得て、ハワイ共和国を倒そうと試みた。しかし、この試みは事前に計画が漏れてしまい、失敗に終わった。共和国政府は関係者約一九〇名を即刻逮捕し、全島に戒厳令を布告した（このとき、日系人社会の指導者的存在のひとりであった牧師の岡部二郎は共和国政府軍に参加し、白人政権の指導者とともにクーデターを弾圧したという(5)）。厳戒体制のなか、リリウオカラニ女王はイオラニ宮殿に幽閉され、二度とハワイ王朝の復活を企てないと誓わされたのだった。

ハワイ併合論

ハワイ王朝が倒された直後、アメリカ合衆国政府のなかには、そのままハワイを併合しようという意見も強かったが、当時の大統領のグローヴァー・クリーヴランドは、クーデターにアメリカ軍が不正に関与していたと判断し、併合を拒否した。しかし、その後もハワイ併合論は根強かった。第II章でも言及したように、第一の理由はハワイの戦略的位置だった。太平洋の中心にあるハワイは、アジア、とりわけ中国との貿易の拡大をもくろむアメリカにとって、願ってもない中継地点だった。また、天然の良港として評判の高いパール・ハーバーを整備すれば、素晴らしい軍港になると考えられていた。ハワイを獲得すれば、アメリカは太平洋で大きな存在感を発揮できる。

第二の理由は、他の国がハワイを併合してしまうのではないかという恐れである。ハワイはジェームズ・クックによって「発見」されたこともあり、もともとはイギリスとの関係が深かった。また、太平洋貿易の格好の中継地点として、フランスやドイツの船なども頻繁に出入りしていた。さらに、十九世紀になると、日本がハワイを併合するのではないかという不安がアメリカで強くなった。当時、日本からの移民が急速に増加していたし、日本政府が太平洋での覇権確立のためにハワイへ触手を伸ばすのではないかという不安が、アメリカのハワイ併合論者のあいだで喧伝されていた。クリーヴランドの後に大統領に就任したウィリアム・マッキンレーは、「日本がハワイ諸島に目をつけている」と警戒していた(6)。

併合を望むハワイの白人たちも、ハワイが「日本帝国の脅威にさらされている」と盛んに主張した。「この島は既に日本人で溢れかえっていて」、アメリカが併合しなければ「そのうち日本人が白人を追い出しにかかるだろう」と警告していた。実際、ハワイを植民地にしようという意志こそみられなかったものの、日本政府が海外植民地の拡充に興味を持っているのは明らかだった。日本が海外侵略を企てるのではないかという日本陰謀説は、その後もしばしば唱えられ、さまざまな政策決定に利用された(7)。

一八九八年、アメリカ議会は正式にハワイ併合を決定した。併合の日は、ハワイに住む白人にとって、「歴史上もっとも輝かしい一日」であった。(8) しかし、祝賀の場にハワイアンの姿はほとんどなかった（4—14）。ネイティヴ・ハワイアンたちは、住人の圧倒的多数が反対しているなかで併合が強行されたことに強い抗議の意を示した。アメリカ政府はリリウオカラニらの声にまったく耳を傾けようとしなかった。カメハメハによる統一から八八年後、ハワイという国は名実ともに滅び、アメリカ合衆国の一部となってしまったのである。

4—14　クリーヴランドの後任であるマッキンレー大統領は併合に積極的だった。ハワイのアメリカ併合が決まった1898年8月12日、アメリカ海軍の兵士たちが見守るなか、イオラニ宮殿からハワイ国旗が降ろされ、巨大な星条旗が高々と掲げられた。宮殿周辺はお祭り騒ぎだったが、国を失ったネイティヴ・ハワイアンにとっては深い悲しみの一日だった。(Hawai‘i State Archives)

3　あらたな「伝統」

カメハメハの妻たち

「南の島のハメハメハ大王」に登場するのは「偉大な」王様である。カメハメハもハワイの統一者として名を残す偉大な王である。しかし、歌のハメハメハ大王のように、カメハメハは「ロマンチック」だったろうか。カメハメハは後に作家のマーク・トウェインが「天賦の軍事的才能を持つ連戦連勝のナポレオン」と評するほどの人物で、その「夢」はロマンチックな感情というよりは、冷静な戦略的判断と、統一の邪魔になる敵は徹底的に殲滅《せんめつ》しようとする冷酷で強固な意志を持っていた。[9] さらに、彼は自然の恵みのなかでのんびりと生活していたわけではなく、大砲からビロードにいたるまで、いろいろな輸入品を購入して権力を誇示していた。

歌によると、ハワイでは女王の名前もハメハメハである。カメハメハには二一人の妻がいたといわれている。そのなかで、「正妻」となったのは、ケオプラアニである。彼女は、カメハメハがハワイ統一の際に倒したキヴァラオの娘で、特別な霊力を持つ女性だった。

また、カメハメハにはカアフマヌという妻もいた。彼女は、カメハメハ二世が王位に就いた後、王の代わりに政治的実権を握り、ハワイ政治の中枢を担うことになった。長いあいだハワイ社会に多大な影響を与え続けてきた禁忌制度のカプを廃止したことでも知られている。たとえば、男女が食事の際に同席することを絶対に禁ずる風習を破り、自ら男性と食事をとり、カプを犯しても神の罰が下らないことを知らしめたのだった。このように伝統的なハワイの信仰の権威を否定し、キリスト教に改宗し、新しい信仰をハワイにもたらした。同時に、キリスト教や宣教師を巧みに利用して自分の権力を固めていった。カプの代わりにキリスト教の価値観を重視し、カプにこだわる保守派を権力の座から排除していった。

ケオプラアニやカアフマヌがどれほど「やさしい奥さん」であったかはわからない。しかし、彼女たちは、内助の功を発揮する「やさしい」女性というよりは、ハワイ政治で中心的な役割を果たした指導者だった。そんな彼女たちも「朝日の後で起きてきて、夕陽の前に寝てしまう」こともあったかもしれない。しかし、毎日のんべんだらりと、のほほんとした生活を送っていたわけではない。確かに農作業や漁業などの肉体労働に汗を流すことはなかっただろう。しかし、王の妻として、そして政治的な指導者として、さまざまな儀式の中核的な役割を果たすと同時に、次代の指導者となる子供たちを育てていたのである。とりわけ、カアフマヌは、カメハメハの死後、政局が混乱するなかで、ハワイ王朝の実権を握ったほどの策士だった。

厳格な階級社会

カメハメハの子供たちの個性もさまざまであり、もちろんみんなが同じ名前であるわけではなかった。カメハメハの後を継いだ息子、カメハメハ二世の名前はリホリホだったし、その弟で後のカメハメハ三世（一八一四―五四）となるのはカウイケアオウリである。

カメハメハの子供たちはハワイ社会の伝統的な教育を受けた。それは毎日学校に行って、読み書きや算数を勉強するような教育ではない。むしろ、コミュニティのなかで、王族としての立ち居振る舞いや、さまざまな宗教的儀式など、ハワイ社会の指導者として不可欠な知識や価値観を学んでいった。

一八二〇年以降は、アメリカから来た宣教師が学校を設立し、島の子供たちにハワイ語や英語の読み書きや算術を教えるようになった。これらの学校は「雨が降ったらお休み」になるようなものではなく、アメリカの学校と同じように、日曜日を除き毎日数時間ずつ授業が行われた。

カメハメハの治世のとき、ハワイには約三〇万の人が住んでいたと推測される[10]。当然、かれらが皆、「会う人会う人ハメハメハ、誰でも誰でもハメハメハ」であったわけではない。厳格な階級社会のもと、さまざまな職業があり、怠け者のイメージからはほど遠い、タロ畑や養殖池で日々汗を流して作業をする人びとだった。

「南の島のハメハメハ大王」は、カメハメハ以降、十九世紀末まで続いたハワイ王国の歴史と大きく異なる。ハワイでは独立した社会が発達し、十九世紀には国際的に認知された国家が存在していた。その国家の滅亡は、ハワイアンが子供のようにのんきで無知なために政治力がなかったからではなく、アメリカをはじめとする大国の帝国主義的な価値観に呑み込まれてしまったことによる。

しかも、かれらは自らの国家が転覆されるのを、なすすべもなく傍観していたわけではなかった。愛する土地を侵略しようとするアメリカに抗議する歌を作り、王権回復のための戦闘準備をしながら、さまざまな形で抵抗を続けたのだった。

画一化された南国観

もちろん、このような「のんきな楽園」という一面的なハワイ・イメージを創り出しているのは「南の島のハメハメハ大王」だけではない。似たような歌、映画、テレビ番組、コマーシャルは日本中に氾濫している。たとえば、「南の島のハメハメハ大王」と同じ一九七三年に出版されたある観光ガイドブックは、やはり、歌と同じようなハワイ描写を繰り広げている。

ハワイのイメージといえば、「都会にひそむ悪もスモッグもなく」「透徹した青空に輝く太陽、目にしみるような青い海、白やピンク色の浜辺、椰子の木とパイナップルと数千種におよぶ豪華絢爛《けんらん》さを惜し気もなく発散している南太平洋の花の群」である。そこは、「フラを踊る健康美にあふれた娘たち」がたくさんいる「常夏の夢の島、地上の楽園」だし、実際、ハワイほど「イメージと現実とがほとんど変わらないところも珍しい」と断言する。人びとは「健康的で明るく」「楽天的」で、「王朝が亡び共和国となり、アメリカ合衆国の州となった今でも、人々の親切さ、おおらかさ、ひとつも陰湿な影のない快活さは変わらないのだ」と述べている。[11] 王朝が亡びた後でも、あまり深いことは考えず、美しい自然のなかでのんきで元気に楽しく生活しながら、観光客を歓迎してくれる楽園の住人としてハワイの人びとは描かれているのである。

このようなハワイ描写は今日にいたるまで広くみられる。しかし、それは、日本における日常からの解放を求める気持ちをハワイに投影したものであり、実際のハワイに住む人びとの歴史や生活とは異なる形で作られる言葉とイメージである。

アロハ・スタジアムのハパ

それでは、今日のハワイ文化のおもしろさや複雑さを歌にしたらどのようなものになるだろう。ひとつの例を紹介しよう。

一九九三年一月十七日の日曜日、ハワイ王朝が転覆されて一〇〇周年にあたるその日、ホノルルのアロハ・スタジアムで全米大学選抜フットボールのオールスターゲームが行われ、大いに盛り上がった。

この試合のハーフタイムに、ハワイの人気バンド「ハパ」が登場した（4―15）。

ハパは、ネイティヴ・ハワイアンと中国系の混血でハワイ出身のケリイ・カネアリイと、アイルランド系アメリカ人でニュージャージー州出身のバリー・フラネガンによるデュオである。ハパとはハワイの言葉で「半分」という意味で、一般的には白人との混血の人を指す。このバンドは地元ハワイ出身の「ローカル」のカネアリイと、本土出身の白人のフラネガンが一緒だから、「ハパ」というわけだ。

一九八三年にマウイ島で結成されたハパは、その美しい歌声とハーモニーで地元の人気を集めていた。アロハ・スタジアムで歌った一九九三年には、デビューアルバム『HAPA』を発表して、二五万枚という、ハワイのバンドとしては記録的な売り上げを達成している。その年、ハワイのグラミー賞にあたるホク賞をはじめとする、数々の賞も受賞し、一気にハワイのナンバーワン・バンドとして注目を浴びるようになった。

アロハ・スタジアムでハパは満員の聴衆を前に、アイルランドのバンドU2の「プライド――イン・ザ・ネーム・オブ・ラヴ」という曲をカバーして歌った。「プライド」はもともと、U2のヴォーカルであるスティーヴ・ボノが、ホノルルに滞在していたときに、アメリカの公民権運動の指導者だったマーチン・ルーサー・キング牧師に捧げるために作った歌だ。

ハパが歌った王朝転覆一〇〇周年の日は、ちょうどキング牧師の業績を讃える記念日の前日でもあった。だから、この日のハパによる「プライド」には二重の意味があったわけである。ホノルルで作られたキング牧師を追悼する歌を演奏することは、キング牧師の功績を讃えるだけではなく、一世紀前の白人集団によるハワイ王朝転覆事件に対して抗議の意を表明することでもあった。ネイティヴ・ハワイアンの意向を無視したハワイ王朝の転覆事件こそ、キング牧師が戦い続けた差別と不正義を象徴する事件だったからである。

長いあいだ、ネイティヴ・ハワイアンの人びとは、代々自らの祖先が住んできた土地で、差別と貧困に直面し、さまざまな苦労を強いられてきた。そのような差別と戦うための勇気と希望をキングは黒人だけではなく、ネイティヴ・ハワイアンにも与えたのだった。六〇年代後半から七〇年代にかけて、ネイティヴ・ハワイアンの歴史や文化への再評価が進むとともに、土地や国家の回復運動もはじまっていたのである。キングがアメリカ南部で展開した一九六〇年代の公民権運動は、数千キロメートルも離れたハワイで

4—15　「ハパ」とはハワイ語で一般にネイティヴ・ハワイアンと白人の混血を指す。「プライド」が収められた『イン・ザ・ネーム・オブ・ラヴ』のジャケットでは、左側のカネアリイがハワイアン、右側のフラネガンがアイルランドの衣装を身に着けている。ふたりの音楽は、ネイティヴ・ハワイアンとアイルランド系の白人アメリカ人が作り出す「ハパ」の音であるというわけだ。（オーマガトキ）

ネイティヴ・ハワイアンの権利回復運動へとつながったのだった。

連邦議会の謝罪決議

ちょうど、ハパがアロハ・スタジアムで「プライド」を演奏していたころ、ホノルル市内では数多くのネイティヴ・ハワイアンが集まり、一〇〇年前の王朝転覆事件の舞台となったイオラニ宮殿に向かって抗議のデモ行進を行っていた。また、ネイティヴ・ハワイアンとして初のハワイ州知事を務めていたジョン・ワイヘエは、一〇〇周年の記念行事のあいだ州庁舎からアメリカ国旗を降ろし、ハワイ王朝の国旗（今はハワイの州旗になっている）だけを掲げることを表明していた。「星条旗への冒瀆《ぼうとく》である」という一部の政治家、軍関係者、一般市民からの猛烈な批判にもかかわらず、知事は決断を翻さなかった。「ハワイアンとしてのプライド」を宣言し、ネイティヴ・ハワイアンの人びとが一〇〇年前に起こった不正義をずっと「耐え忍んで来た」ことに敬意を表すために、旧ハワイ国旗である州旗を高く掲げるべきだと主張したのである(12)。

そして、ついに、アメリカの連邦政府は過去の誤りを認め、謝罪をするにいたった。この年、ネイティヴ・ハワイアンに対する「謝罪決議」が連邦議会を通過し、クリントン大統領はハワイ王朝の転覆にアメリカ政府が関与していたことと、その後の併合がネイティヴ・ハワイアンの意志を十分に確認しないまま強行されたことを公式に認め、今後、かれらの文化的アイデンティティの保持を従来以上に促進すべきだと述べた。金銭的な補償や、アメリカ本土に住むネイティヴ・アメリカンに認められているような、アメリカ国内である程度の自治を有する「国家」を持つ権利までは認められなかったものの、連邦政府がネイティヴ・ハワイアンの歴史と文化の重要性とともに、アメリカ政府の過去の過ちを公に認めたことは、かれらにとって重要な勝利だった。[13]

ハパの演奏はキングを追悼するとともに、差別や不正義と戦おうとするキングの精神を忘れず、ネイティヴ・ハワイアンのプライドや権利をさらに回復していこうとする意識を歌い上げようとしたものだった。[14]

したがって、ハパがアロハ・スタジアムで歌った「プライド」は、単なるU2のコピーではない。フラネガンは「他人の歌をカバーするときは、そこに必ず自分たちの個性を残さなければいけない」と述べているが、ハパの「プライド」にはハワイのバンドとしてのかれらの個性が強く刻印されている。[15]歌詞もメロディも基本的にはU2と同じだが、ハワイという土地に根ざした歌になっていた。一番の特徴は、メレが織り交ぜられたことだった。チャールズ・カウプというハワイアンのチャンター（祈禱師）とハパが、歌声を合わせた結果、まったく新しい曲になったのである。また、ヘアラニ・ユウンというクム・フラ（フラの師匠）

の女性が、歌に合わせてフラを演じることで、U2との違いがさらに鮮明になっていた。

重層化された「プライド」

ハパによる「プライド」はアロハ・スタジアムの演奏から四年を経た一九九七年に、アルバム『イン・ザ・ネーム・オブ・ラヴ』に収められた。「プライド」は八曲目に入っている。しかし、実際は第七曲と八曲のあいだには境目がない。七曲目は「メレ・ア・パアクイ／ホオオクム」というハワイ王朝の系譜を謳い上げるカウプのメレだ。聞きようによってはいたって単調なのだが、独特の抑揚があるカウプの低く深く響き渡る声が、言葉の意味はわからなくても、聴く者に強い印象を与える。メレの背後には、嵐の音が聞こえ、荘厳な雷鳴が響き渡る。まるで、カウプの声が、代々のハワイの王を深い眠りから目覚めさせたかのようだ。

このメレは八曲目に入ってもそのまま続く。カウプの祈りが終わりかけると、彼の太い声にかぶさるように、今度はギターとドラムの音が入り、「プライド」がはじまるのだ。ハパが奏でる楽器の音は、U2の電気的で、耳に刺し込むような感じではなく、優しい響きをたたえている。アコースティック・ギターの音が強調され、フラネガンの声もボノのような、野性味溢れる、力強いものではなく、むしろ静かに語りかけるような調子だ。ボノの声には、敵に挑みかかるような戦闘的な雰囲気があるのに対して、フラネガンの低めの声はちょっと気だるい感じだ。カネアリイによるコーラスの部分も、U2よりハーモニーを重視していて、ハパの歌い方はオリジナルよりメロディアスである。

最後のコーラスが終わるころに、再びカウプのメレがはじまる。彼の力強い、抑揚に富む、澄んだ声を、ハパのバックグラウンド・コーラスがふんわりと包み込んでいる。バックのコーラスが終わると、カウプのメレのソロがはじまり、朗々とした低音が響き渡る。そして、しばらくしてメレが終わると、今度はキング牧師の演説がはじまるのだ。これも、U2のオリジナルにはない演出である。

キングの声は、暗殺される直前にメンフィスのバプテスト教会で行った説教を録音したものが使われている。演説の天才といわれたキングが、独特の抑揚で「正義に打ち勝つ悪はない、いつか必ず奇跡が起こる」と聴衆に熱く語りかけている。興奮した聴衆が思わず「そうだ、そのとおり！」と叫んでいる。この演説が流れるあいだ、ハパはコーラス部分のメロディを静かに演奏し続けている。キングの演説が終わると、「プライド」のメロディもフェードアウトし、曲が終わる。

このように、ハパはU2のオリジナル・メロディと歌詞を尊重しながら、まったく新しい曲を作り出すことに成功している。フラネガンの声、カウプのメレ、キングの演説、アコースティック・ギターの音、そして実際の演奏の際にはユウンのフラなど、ネイティヴ・ハワイアンをはじめとする複数の文化の要素を取り入れることで、オリジナルの「プライド」にはなかった雰囲気を生み出し、原曲に重層的な厚みを加えている。

複数の空間

U2のスティーヴ・ボノがホノルル滞在中に作り、その後世界的に有名になったこの歌を、ハパは「故郷のハワイに再び持ち帰りたかった」と述懐している。(16) つまり、「プライド」を生み出されたホノルルという場に戻すことで、その歌の意味をさらに深めようとしたのである。その結果、この歌は「故郷」で大きく変身した。アイルランド人がホノルルでキングを追悼するために作った歌が、ハワイアンとアイルランド系アメリカ人の混合バンドによって演奏され、メレやフラなどの伝統文化と織り交ぜられたとき、新しく生まれ変わった。

ハパが歌う「プライド」は、もはやひとつの文化や国と結び付けられるものではない。それはアイルランド、アメリカ合衆国、ハワイという遠くかけ離れた空間を包摂し、黒人、ネイティヴ・ハワイアン、そして長いあいだイギリスに抑圧されてきたアイルランド人など、複数の人種とかれらの抵抗の歴史に関わる歌となった。異質な文化の断片がパッチワークのように織り交ぜられているのである。

このような形でハワイの伝統文化が他の文化と混ざり合うことは、「純粋」なハワイ文化の復活を願う人にとっては好ましいものではないかもしれない。ネイティヴ・ハワイアンによる、ネイティヴ・ハワイアンだけの国家と文化の確立を夢見る人にとって、ハパの「プライド」は雑音に過ぎないかもしれない。ネイティヴ・ハワイアンの権利回復運動の指導者のひとりであるハウナニ・ケイ・トラスクは、近代のハワイは移住者の社会であり、移住者の生活のために土着のハワイアン文化が殺戮《さつりく》され、抑圧され、差別されてきたと主張する。彼女のような人にとって、ハパのようなアレンジは侵略者の文化を伝統的なハワイの文化に重ね合わせようとする、冒瀆的なものなのかもしれない(17)。

フラ——消滅しなかった文化

たしかに、クックが到来して以降の長い歴史のなかで、ネイティヴ・ハワイアンの文化はさまざまな形で抑圧されてきた。カメハメハの死後、白人の権力が増すにつれ、かれらは多くのものを失った（4—16）。土地や資源のみならず、言語や文化も危機にさらされた。アメリカからやって来た白人宣教師はハワイ語の使用を禁止し、フラも「みだらな踊り」として排除しようとした。日本人をはじめとする移民が増加する一方で、ネイティヴ・ハワイアンの人口は減少し、社会的地位も低下した。経済力も弱められ、多くの人びとが生活に苦しむようになった。

4—16　ホノルル市内のヌアヌ地区は、ネイティヴ・ハワイアンの生活単位であるアフプアアのひとつだった。山から海に向かって三角状に土地が広がり、タロなどが栽培されていた。今日、この一帯は開発が進み、一大住宅街になっている。海の方には商業地区が広がり、海岸沿いにはホノルル港やホノルル空港が見える。ヌアヌ川流域の脇にそびえる高い嶺に登っても、下の道路を走る車の音がひっきりなしに聞こえてくる。(Y. YAGUCHI)

ネイティヴ・ハワイアンの文化は、異文化との接触のなかで抑圧を受けてきたが、しかし、決して消滅しなかった。さまざまな異文化の要素を取り込んで、いろいろと形を変えながら、したたかに生き残ってきた。むろん、それは二世紀前の「純粋」なハワイアン文化とは異なる。昔ネイティヴ・ハワイアンのコミュニティのなかで踊られたフラは、今娯楽用として観光客の前で踊られることもある。ただ、今日のフラのすべてが観光客向けであるわけではない。伝統を重んじながら、その意味を考えながら演じる人たちもたくさん存在する。

フラの伝統はキリスト教的な価値観のもとで抑圧され、奇妙な過去の「遺物」とみなされながらも根強く残ってきた。一八七〇年代にカラカウア王によってその伝統が一時復活し、さらに一九六〇年代以降のネイティヴ・ハワイアンの復権を求める意識のなかで、多くの人がフラを学ぶようになった（4—17／口絵参照）。

そして、一九二〇年代以降、フラが観光化されていくなかで、ハワイアンの人びとは、詩に合わせて演じる旧来のフラ（フラ・カヒコ）の伝統を保ちながら、同時にウクレレやギターなどで奏でられる西洋的なメロディに合わせて演じる観光客用の新しいフラ（フラ・アウアナ）を創り出した。フラは多様な形に変化しながら、今日までネイティヴ・ハワイアンが誇りを持ちうる伝統として生きているのである。(18)

ハワイ語の授業

さまざまな圧力にもかかわらず、ハワイアンの言語も今日まで残っている。現在のハワイには、ハワイ語だけを使って授業をする学校が幼稚園から高校まであり、算数から保健体育にいたるまで、ハワイ語で学習することができる。ハワイ大学などでもハワイ語の授業が開講され、多くの学生が学んでいる。かれらは英語とハワイ

4—17　カラカウア王はフラの再興に熱心で、自身の即位式をはじめ、さまざまな儀式の折にフラを演じさせた。フラを禁止しようとしてきたキリスト教宣教師たちには不評だったが、即位式を機にフラの文化が少しずつ復活するようになった。このような「文化の復活」は、ひそかに守られてきた伝統があってこそ可能だった。欧米から来た白人たちがどれほどネイティヴ・ハワイアンの文化を抑圧しようとしても、完全に消滅することはなかった。フラは細々ながら、19世紀をとおして確実に受け継がれていたのだった。(Hawai'i State Archives)

語の両方を操りながら、アメリカ人としての教育を受ける一方で、ネイティヴ・ハワイアンとしてのプライドも獲得していくのである（4—18）。

二〇〇〇年にアメリカで行われた国勢調査によると、近年、ネイティヴ・ハワイアンの血を引く人の数が増加している。つい最近までは全米で二二万人程度と推測されていたが、この調査では、二八万人を超えた。これは単なる人口の自然増加だけによるものではない。自らを「ネイティヴ・ハワイアン」と申告した人の数が増えた結果である。[19]

まず、一九九〇年の国勢調査まで「アジア系」と一緒に分類されていたネイティヴ・ハワイアンが、二〇〇〇年から「ネイティヴ・ハワイアン・その他の太平洋諸島出身者」として別項目で明示されるようになったことが大きい。ハワイの人口の多くを占めるアジア系と区別するために、それまでどこにも属さない「その他」と申告してきた人びとが、二〇〇〇年には「ネイティヴ・ハワイアン」という項目を選んだのである。

また、二〇〇〇年の国勢調査からは、自分の出自を複数選択することが可能になった。いわゆる「混血」と呼ばれる人びとが、「白人」や「アジア系」や「ネイティヴ・ハワイアン」などの分類のなかから、ひとつの項目だけを選ぶのではなく、複数選べるようになったのである。その結果、「白人」や「アジア系」であると同時に「ネイティヴ・ハワイアン」であると申告した人びとの数が増えた。

このように自分がふたつ以上の人種や民族の血を受け継いでいると答えた人は、ネイティヴ・ハワイアンの約六割にも達している。

国勢調査の制度上の変更に加え、ネイティヴ・ハワイアンの数が増加しているのは、近年のネイティヴ・ハワイアンの文化・権利回復運動に刺激を受けて、自らのことを「ネイティヴ」であると宣言する人が増えていることも大きな要因であろう。一九九三年の王朝転覆一〇〇周年や一九九八年のアメリカ併合一〇〇周年を巡る議論のなかで、ネイティヴ・ハワイアンであることの意味を考え、そのアイデンティティと伝統を積極的に守っていこうとする人びとが増えてきたと考えられる。

4—18　ハワイ語で書かれた絵本。子供たちにネイティヴ・ハワイアンのことわざをやさしく説明する本である。親が子供に向かって読む際に、しっかりとハワイ語の発音ができるように、「発音ガイド」も含まれている。最近はハワイ語の学校に通う子供たちが、親にハワイ語を教えるという「逆転現象」もよくみられるという。ハワイ語は単なる「昔の言語」としてではなく、日常的に使用される「生きた言語」として復活しつつある。(Solomon Enos, *Na ʻOlelo Noʻeau No Na Keiki* 〈Waipahu, HI: Island Heritage, 2001〉)

犠牲のうえの美しさ

このような状況のなか、さまざまな文化の要素が重なり合うハパの「プライド」はこれからのハワイ文化のひとつの方向性を象徴的に示しているのではないだろうか。

ハパの「プライド」が一枚のCDとして販売されていることからもわかるように、今日のハワイの文化は国際社会のネットワークから切り離されたものではない。ネイティヴ・ハワイアンのものを含め、ハワイにみられる文化は世界の流通機構の流れに乗り、ひとつの商品としてハワイから遠く離れた日本をはじめとする世界各地の人びとへと届けられる。そのことを伝統的な「純粋」文化が外界と接触することで「汚染」されてしまったとみなすこともできるかもしれない。しかし、そのような「純粋さ」を求めることは、十八世紀以降のハワイ社会の流れを無視することであり、ハワイを近代社会とはかけ離れた「過去の存在」として周縁化することでもある。

ハパの「プライド」は近代のハワイ社会の文化を創出してきたさまざまな異文化接触の意義と積極的に向き合うものである。ハワイにおける異文化接触がすべてが素晴らしく、賞賛に値するものでなかったことは、これまでに見てきたさまざまな事柄を見れば明らかである。異なる背景を持つ人びとの出会いは、しばしば誤解や暴力を生み出す。今日にいたるまで、ハワイを理想的な「多文化主義の楽園」と謳い上げようとする言説は少なくないが、十八世紀以降にハワイで起こった異人種、異民族、異文化間の接触の歴史は、抑圧と差別の歴史と言い換えても差し支えないほど、「楽園」のイメージからはほど遠いものだった。

ハパの歌う「プライド」は複数の文化的な要素を融合することで、多文化の出会いが生み出すハーモニーの美しさの可能性を示しながらも、キングを回想することで、そのようなハーモニーの裏に潜む暴力性をも直視している。さらに、王朝転覆に対して抗議するために歌われたことからもわかるように、ハワイの多文化的な美しさがどれほどの犠牲のうえに成り立ってきたかをも暗示しているのである。

文化の創出

ハワイには十八世紀末以来、ネイティヴ・ハワイアンの住む土地に、アメリカ、カリブ、ヨーロッパ、太平洋諸島、アジア諸国から多くの移民がやって来た。そのような、多様な背景を持つ人びとが集まるなか、ネイティヴ・ハワイアンの文化は多様な文化を取り込みながら、巧みに生き残ってきた。とくに近年は「ネイティヴ」の文化が、他のエスニシティの住人たちの「ローカル」文化と交流し、融合するようになっている。

このように、ネイティヴ・ハワイアンの伝統は次々と新しいものと結合し、あらたな「文化」を創っていく。カウプのメレがロックのメロディと混ざり合い、フラネガンとカネアリイのギターとユウンのフラが一緒に演じられるように、ネイティヴ・ハワイアンの文化は他の文化と複雑に絡み合いながら、常に新しい形に創造されているのである。

エピローグ

一九九四年の秋、ぼくは高校時代からの親友と一緒にハワイ旅行へ出かけた。涼しい札幌を出て、ホノルルに到着すると、そこはまさにバカンス気分いっぱいの「楽園」だった。ワイキキで遊び、アラ・モアナ・ショッピングセンターで買い物をした。ハナウマ湾へシュノーケリングに行き、マウイ島で体験ダイビングをした。ハワイ島では格好いいオープンカーを借りて火山を見に行った。毎日のように、椰子の木の下で日光浴をし、夕日を見ながらビールやトロピカル・カクテルを飲んで、とにかく思い切り遊んで、とても楽しい気分で帰国の途についた。

アメリカ文化研究を志していた大学院生が、どうしてあそこまでハワイ文化に無関心な休暇を過ごせたのか、今考えてみるとちょっぴり恥ずかしい。「日ごろの勉強から解放されて楽しみたい！」という望みを満たすことに夢中になってしまい、ハワイにいても、実はハワイのことなんてどうでもよかったのかもしれない。ハワイの観光産業も、そんなぼくの欲望をとても巧みに満たしてくれた。観光客の希望がスムーズにかなえられるよういろいろと工夫が凝らされていたし、ホテルやお店の人たちはとてもフレンドリーだった。

第III章でも述べたように、二十世紀後半に確立されたハワイの観光産業は、今やハワイ社会の根幹を支えるものとなった。二十一世紀にも、世界各地からやって来る観光客の数は増加し続けるだろう。日本からも今まで以上に多くの人びとがハワイを訪れることだろう。

しかし、このようなハワイとの「出会い」が「理解」を生み出すとは限らない。ぼくのバカンスのように、ハワイが日常からの逃避の目的地に過ぎないのなら、多くを学ばないままで終わってしまうこともある。

比較文化研究で知られる加藤秀俊は、一九七〇年代のホノルルに住みながら、「太平洋について考えて」いた。ハワイは日本とアメリカの中間にあり、日米を含む太平洋共同体の核になるなどという理想論に対し、加藤は「太平洋共同体といったようなことばはうつくしいが、うつくしいだけに、われわれはいま謙虚さを必要としている」と警告していた。(1)

たしかに、人や物の交流が増えるからといって、「共同体」ができるとは限らない。「共同体」の形成には、お互いが「謙虚」になり、相手を理解しようとする努力が不可欠だろう。二十一世紀のハワイと日本の交流が、何らかの「共同体」を生み出すとするのならば、日本からハワイを訪れるわたしたちは、今までとは違ったハワイの姿を見出していかなければならない。

本書はそんな思いを胸に浮かべながら、自分のハワイ旅行の反省もかねて、書きはじめたものである。表面的な「楽園」イメージの奥にある、「文化の地層」とでもいうべきものを紹介することで、日本におけるハワイ理解に多少なりとも貢献できたなら幸いである。

＊

むろん、このような考えにいたるまでの道のりは決してひとりで歩んだものではない。もともと、ハワイについて真剣に考えてみることを勧めてくれたのは、ハワイ大学の吉原真里氏だった。刺激的な研究を続ける吉原氏の励ましと協力なしには、この本を書きはじめることはなかっただろう。また、氏を通じて知り合ったハワイ大学の研究者たちも、ホノルルを訪れるたびに暖かく迎えてくれた。ハワイ大学大学院の大林純子氏と黒川洋子氏にも、フラやハワイアン音楽などについて教えてもらった。

もっとも、ハワイで調べたことをまとめあげる作業は遅々として進まなかったが、ここ数年ハワイに関する講義を東京大学教養学部、札幌学院大学、北海道文教大学で開講させてもらった。試行錯誤を繰り返すぼくの話を熱心に聞き、思いもよらない質問をすることで執筆のヒントを与えてくれた学生諸君に感謝したい。

シンポジウムなどでもハワイの話をすることがよくあった。第Ⅰ章は立教大学アメリカ研究所、第Ⅲ章は上智大学アメリカ・カナダ研究所、イースト・ウェスト・センター、カリフォルニア大学サンディエゴ校、第Ⅳ章は東京大学アメリカ研究資料センター（現アメリカ太平洋地域研究センター）での発表原稿をもとにしている（第Ⅰ章の一部は立教大学アメリカ研究所発行『立教アメリカンスタディーズ』第二二号に「ピクチャーブライドのポリティクス」として掲載）。発表の機会を与えて下さった各機関とその関係者、出席者の皆様に感謝したい。

＊

原稿の下書きを終えた後には、多くの友人に読んでもらった。梅崎透、北脇実千代、キム・ミンスー、土田映子、豊田真穂、森仁志の各氏には原稿の一部、あるいは全部を渡して、何度も批評してもらった。コメントのすべてをここに反映できたわけではないが、かれらの（ときにはかなり厳しい）貴重な意見なしには、この本が完成することはなかった。両親の矢口以文・美津子にも原稿を無理やり読ませた。戻って来た感想は容赦ないもので、三十過ぎの息子を落ち込ませるのに十分だったが、その分原稿は良くなったと思う。研究について真剣な対話のできる親を持ったことは幸せだ。友人の阿部小涼、砂田恵理加、直野章子、村田勝幸の各氏には何度もこの本のアイディアをぶつけて、コメントをもらった。同僚のシーラ・ホーンズ（Sheila Hones）氏とは、同じ研究室で毎日のように話しながら、いろいろなアイディアをもらった。また、大学院時代の指導教官であるマーガレッタ・ラヴェル（Margaretta Lovell）教授と、ふるさと札幌の先輩でもある同僚の丹治愛教授には、本書の執筆や研究のことなどを含め、さまざまなアドヴァイスをいただいた。深く感謝申し上げたい。

執筆が最終段階に入ったとき、アメリカに一年間住む機会に恵まれた。大学から研究専念期間をもらい、日米教育委員会（フルブライト奨学金）の援助を得て、半年間はカリフォルニア大学サンタクルズ校に、残りの半年間はホノルルのイースト・ウェスト・センターに籍を置くことになった。わがままを認めてくれた東京大学教養学部英語部会、教養学部アメリカ科、大学院地域文化研究専攻、アメリカ太平洋地域研究センターの同僚（教官、事務官、スタッフ全員！）に感謝する。また、アメリカでの生活がスムーズにいくよう尽力してくれた日米教育委員会、とくに岩田瑞穂氏と、ホノルルでの受け入れを快諾して下さったイースト・ウェスト・センターのジェフリー・ホワイト（Geoffrey White）博士にもお礼を申し上げる。

この原稿が本になって出版されることになったのは、編集担当の郡司典夫氏のおかげである。未熟な著者のさまざまなわがままを忍耐強く聞き入れてくださった。

最後に、本書はぼくが幼いころからとてもお世話になってきた、北海道十勝に住む安久津家の皆様に感謝の念を持って捧げたい。

Hawai'i (Monroe, ME: Common Courage Press, 1993).

(18) Amy Ku'uleialoha Stillman, "Hawaiian Hula Competitions: Event, Repertoire, Performance, Tradition," *Journal of American Folklore* 109 (1996): 357-380.

(19) "Census Lists More 'Native Hawaiians' Than Ever," *Honolulu Advertiser*, 20 March 2001. U.S. Census Bureau, Census 2000 Data for the State of Hawaii, http://www.census.gov/Press - Release/www/2001/tables/redist_hi.html; Internet; accessed 20 March, 2002.

エピローグ

(1)加藤秀俊『ホノルルの街かどから』(中央公論社:1974年)、205。

(40) "Soiled Waikiki," *Honolulu Advertiser*, 21 March 1970.
(41) "Tourism: Miracles from Japan?" *Hawaii Herald*, 16 April 1982.
(42) Junko Obayashi, "Hawai'i in the Japanese Tourist Gaze: A Reflection on Imaginary Hawai'i," (Master's Thesis, Pacific Island Studies Program, University of Hawai'i, 2000), 43-45.
(43) Ibid., 45.

第IV章

(1) Hammatt, xx. Kent, 19.
(2) Kent, 18.
(3) Hammatt, xx.
(4) Eleanor C. Nordyke and Martha H. Noyes, "Kaulana na Pua: A Voice for Sovereignty," *Hawaiian Journal of History* 27 (1993): 27-42.
(5)『ハワイ日系人移民史』、152。
(6) William Michael Morgan, "The Anti-Japanese Origins of the Hawaiian Annexation Treaty of 1897," *Diplomatic History* 6 (1982): 23-44. Wakakuwa, 108-110.
(7) Kent, 60-61.
(8) Ibid., 68.
(9) Mark Twain, *Letters from the Sandwich Islands, Written for Sacramento Union* (Stanford: Stanford University Press, 1938), 42.
(10) クックが到着する以前のハワイアンの人口には諸説あり、もっとも多いもので約80万人以上とする論もあるが、一般的には30万人程度と推測されている。
(11)『ブルーガイド海外版　ハワイの旅』13、26。
(12) "U.S. Flag Won't Fly," *Honolulu Advertiser*, 15 January 1993.
(13) 103rd. Congress Joint Resolution 19. United States Public Law 103-150. 23 November 1993. ネイティヴ・ハワイアンにネイティヴ・アメリカンと同様の形式の自治を認めようとする法案が2002年3月時点で審議中である。ネイティヴ・ハワイアンのなかには、連邦政府の監視のもとでしか認められない自治は、従来の不均衡な権力関係の確認に過ぎないとして強く批判する声もある。J. Kehalulani Kauanui, "Taking the Apology Seriously," *Honolulu Weekly* 12 (January 30-February 5, 2002), 5.
(14) "Half & Half: Hapa is a Lovely Hawaiian Hybrid," *Santa Cruz Sentinel*, 19 September 1997.
(15) "Two Hapas Make a Whole," *Los Angeles Times*, 27 February 1998.
(16) Hapa, "Pride (In the Name of Love)," *In the Name of Love*, (South Beach, FL: Coconut Grove Records, 1997).
(17) Haunani Kay Trask, *From a Native Daughter: Colonialism and Sovereignty in*

(24)藤村志保「ロマンあふれた南の島」『旅』39（1965年12月)、155。
(25)"Hawaii's Pavilion Disappointing," *Honolulu Advertiser*, 19 March 1970.
(26)"Isles' 'new' Expo Pavilion ichi-ban," *Honolulu Advertiser*, 25 June 1970.
(27)「改装された布哇館　日に四万人も見物」『布哇タイムス』1970年7月16日。Department of Planning and Economic Development, *Hawaii at Expo '70: The Report of Governor John A. Burns to the Sixth State Legislature Regular Session, 1971* (Honolulu: Hawaii State Government, 1971).
(28)"Burns tells Expo audience Hawaii is the Pacific Center," *Honolulu Advertiser*, 19 August 1970.
(29)「バーンズ知事ハワイへの投資を日本に呼びかけ」『布哇タイムス』1970年8月20日。
(30)斎藤茂太「ハワイまでの巨人機一番乗り」『旅』44（1970年5月)、196-199。
(31)「夏季学生と日米親善にバルク運賃の拡大を」『布哇タイムス』1970年8月29日。
(32)翌年の1997年には220万にもなったが、その後は長引く景気低迷の影響を受け減少に転じた。とりわけ、アメリカ東海岸で同時多発テロが発生した2001年の観光客数は151万と激減した。
(33)早坂浄『カラーブックス　ハワイ』(保育社：1969年)、39。
(34)1987年にハワイを訪れた日本人観光客の一日あたりの支出額は平均367ドルだったのに対し、アメリカ本土からの客は95ドルだった。Hawaii Visitors Bureau, *Study of Japanese Visitors to Hawaii* (Honolulu: HVB Asia Pacific Department, 1988), 1.　景気低迷の影響を受け、2000年の日本人観光客の一日あたりの平均支出額は235ドルまで低下した。それでも、本土から来るアメリカ人の約1.5倍であり、海外からハワイを訪れる他の国の観光客と比べても、もっとも高額である。"Summary of 2000 Visitors to Hawaii: Overview," *Department of Business, Economic Development & Tourism, Annual Visitor Research Report 2000* (Honolulu: Hawai'i State Government, 2000); available from http://www.hawaii.gov/dbedt/00vrr/repeat.html; Internet; accessed 20 March, 2002.
(35)Kathy E. Ferguson and Phyllis Turnbull, *Oh, Say, Can You See? The Semiotics of the Military in Hawai'i* (Minneapolis: University of Minnesota Press, 1999), 6.
(36)国土交通省『平成13年度観光白書』(2001年)。
(37)JTB『ニュースと資料』11（1999年)。
(38)日本の女性観光客と現地の男性と関係についての近年の研究には以下がある。Karen Kelsky, *Women on the Verge: Japanese Women, Western Dreams* (Durham: Duke University Press, 2001).
(39)"How can they do that to this land of ours?" *Honolulu Advertiser*, 20 August 1970.

(39) Ibid., 23.
(40) Ibid., 25-26.

第III章

(1)「海外旅行の開幕！」『旅』38（1964年4月)、155。
(2)「今冬のハワイ知識ABC」『旅』39（1965年12月)、149。
(3) 村崎並太郎編『最新布哇案内』(布哇案内社：1920年)、3-5。
(4) Ibid., 24-36.
(5) Ibid.
(6) Ibid., 47-50.
(7) Ibid., 51-53.
(8) Ibid., 72.
(9) 日本郵船株式会社編『布哇案内』(n.p.: 1934年)、3-5。
(10) 古茂田信男/ほか編『日本流行歌史』(中）(社会思想社：1995年)、46-62。
(11) エセル・中田「歌と踊りの島ハワイ」座右宝刊行会編『ハワイ南太平洋』(小学館：1964年)、148。
(12)「日本の産業視察団で布哇観光ブーム」『布哇報知』1961年2月9日。「米沢新聞社主宰の産業視察団寄港す」『布哇報知』1961年5月13日。「民間観光団第一号来布」『布哇報知』1961年6月20日。
(13)「ハワイのバカンス地帯　映画スターで花盛り」『布哇タイムス』1963年9月7日。
(14)「盛り上がるハワイムード」『布哇報知』1961年6月29日。「6人の踊り子や歌手、ハワイ宣伝に日本へ」『布哇タイムス』1962年5月1日。「観光局の日本人観光誘致運動五千万人以上にアピール」『布哇報知』1963年7月7日。
(15)「旅行者もこれで安心」『布哇報知』1963年6月17日。「Aloha みなさん」『布哇報知』1964年4月18日。
(16)「ハワイアンヴィレッジ観光会議の総まとめ」『布哇報知』1963年6月21日。
(17) "Visitors from Japan," *Honolulu Advertiser*, 7 April 1964.
(18) "HVB Urges Hospitality Toward Foreign Visitors," *Honolulu Advertiser*, 8 April 1964.
(19)『旅』37（1963年7月)、77。多少の値段の差はあったが、64年当時のハワイ旅行はおおむね35万円から40万円ほどだった。
(20)「けさ25名が到着」『布哇報知』1964年4月8日。
(21)「観光ハワイは合格の印」『布哇報知』1964年4月15日。
(22)「自由化後第二陣観光団日航で昨朝来布」『布哇報知』1964年4月10日。
(23)「おみやげとショッピング」『旅』39（1965年12月)、157。

(12) Ibid., 8.
(13) Ibid., 95-132.
(14) Ibid., 167-209.
(15) Ibid., 184.
(16) Michi Kodama-Nishimoto, Warren S. Nishimoto, and Cynthia A. Oshiro, eds., *Hanahana: An Oral History Anthology of Hawaii's Working People* (Honolulu: University of Hawaii Press, 1984), 67.
(17) Bailey and Farber, 3.
(18) Brown, 67.
(19) Hester King, "Through the Peepsight of a Grocery Store," *Social Process in Hawaii* 9-10 (July 1945): 11-16.
(20) Bailey and Farber, 4.
(21) Nishimoto, Nishimoto, and Oshiro, 69-71.
(22) ローレンス・坂本「日本の血とアメリカの心」『文藝春秋』(1950年3月)、117-118。
(23) Brown, 113.
(24)「之ぞ我等の戦ひ」『布哇報知』1941年12月8日。
(25)「非常時に対する忠誠綱領」『日布時事』1942年1月10日。
(26) Hawaii Nikkei Editorial Board, ed., *Japanese Eyes, American Heart: Personal Reflections of Hawaii's World War II Nisei Soldiers* (Honolulu: Tendai Educational Foundation, 1998), 81-93.
(27)「日本降参の報に日系市民の喜び」『布哇ヘラルド』1945年8月15日。
(28)「死都広島を訪ふ」『布哇ヘラルド』1945年8月31日。「実地に見ざる限り想像さへも及ばぬ広島の惨状」『布哇ヘラルド1945年9月6日。「物凄い原子爆弾の跡」『布哇ヘラルド』1945年10月8日。「父は病死した上に母は原子爆弾で惨死」『布哇ヘラルド』1945年12月4日。
(29) "Korean Girls of Hawaii Appeal to Women of World for Aid Against Japan," *Honolulu Star Bulletin*, 28 May 1919.
(30) Michael Macmillan, "Unwanted Allies: Koreans as Enemy Aliens in World War II," *Hawaiian Journal of History* 19 (1985): 179-205.
(31) Ibid., 184.
(32) Ibid., 194.
(33) Kathy Ferguson and Phyllis Turnbull, *Rethinking the Military in Hawaii* (Honolulu: Department of Political Science, University of Hawai'i at Manoa, 1991), 13.
(34) 藤原正彦『若き数学者のアメリカ』(新潮文庫：1981年)、21。
(35) Ibid., 22.
(36) Ibid.
(37) Ibid., 23.
(38) Ibid., 23-24.

(29) "Strikers Will Report to Japanese Government," *Pacific Commercial Advertiser*, 30 January 1920.
(30) "Random Comments on the Parade," *Honolulu Star Bulletin*, 5 April 1920.
(31) ただし、1924年12月に日本の法律が変更されるまでは、日本人の両親のあいだに生まれた二世は日本政府により日本国籍も与えられた。法の変更後は、出生後2週間以内に両親が日本領事館に報告しなければ、日本国籍は与えられなかった。また、既に日本国籍を有している二世は、手続きをふめば国籍を離脱することもできるようになった。
(32)「アウトリガー倶楽部　仲間君の入場を拒絶」『布哇ヘラルド』1945年11月19日。
(33) "Outrigger Club Bars Nakama, Ace Swimmer," *Honolulu Star Bulletin*, 17 November 1945.
(34)「アウトリガー倶楽部　仲間事件に対し謝罪」『布哇ヘラルド』1945年11月20日。
(35)「NHKから松永氏に電話」『布哇報知』1962年11月7日。
(36)『ブルーガイド海外版　ハワイの旅』(実業之日本社：1973年)、24。
(37) Ibid., 46, 128.
(38) Candace Fujikane and Jonathan Y. Okamura, eds., "Whose Vision?: Asian Settler Colonialism in Hawai'i," *Amerasia Journal* 26(2) 2000.

第II章

(1) Rolla Brown, "Hectic December Seventh and Eighth," Hawaiian War Records Depository, Hamilton Library, University of Hawai'i at Manoa.
(2) Richard Holby, "No Church Today," Hawaiian War Records Depository, Hamilton Library, University of Hawai'i at Manoa.
(3) Honolulu Police Department, Bureau of Records, Hawaiian War Records Depository, Hamilton Library, University of Hawai'i at Manoa.
(4) DeSoto Brown, *Hawaii Goes to War: Life in Hawaii from Pearl Harbor to Peace* (Honolulu: Editions Limited, 1984), 31.
(5) Kent, 67.
(6) Ibid., 66. Tom Coffman, *Nation Within: The Story of America's Annexation of the Nation of Hawai'i* (Kane'ohe, HI: EPIcenter, 1998), 217.
(7) Brown, 84.
(8) John Stephan, *Hawaii Under the Rising Sun: Japan's Plans for Conquest after Pearl Harbor* (Honolulu: University of Hawaii Press, 1984).
(9) Beth Bailey and David Farber, *The First Strange Place: Race and Sex in World War II Hawaii* (Baltimore: Johns Hopkins University Press, 1992), 29, 33.
(10) Ibid., 36.
(11) Ibid., 133.

Islands," *Honolulu Star Bulletin*, 28 May 1918.

(13) Aaron Hara, "The Issei Experience," *Hawaii Herald: Special 10th Anniversary Issue*, 18 May 1990.

(14)『ハワイ日系人移民史』(布哇日系人連合協会：1963年)、473。

(15) Barbara Kawakami, *Japanese Immigrant Clothing in Hawaii, 1885-1941* (Honolulu: University of Hawaii Press, 1993), 110-118.

(16) ホノルル市内にある日本文化センターで行われている「おかげさまで」という日系移民史の常設展示では、「日系社会を築く基礎」となった価値観として、「恩」「我慢」「頑張り」「仕方がない」「感謝」「忠義」「責任」「誇り・恥じ」「名誉」「義理」が挙げられている。

(17)「不貞女亭主を嫌ひ家出す」『布哇報知』1918年4月15日。同様の記事は20世紀前半のハワイの日本語新聞には少なくない。「二千哩外への道行」『やまと新聞』1909年3月17日。「情夫と共に馬哇(マウイ)に高飛び」『布哇報知』1918年5月28日。

(18)「山田違ひで一寸滑稽を演ず」『布哇報知』1918年4月26日。

(19)「重婚罪の起訴」『やまと新聞』1905年3月15日。「二重結婚布哇島に多し」『布哇報知』1918年5月15日。Laurie M. Mengel, "Issei Women and Divorce in Hawaii, 1885-1908," in Joyce N. Chinen, Kathleen O. Kane, and Ida M. Yoshinaga, eds., *Women In Hawai'i: Sites, Identities, and Voices* (Honolulu: Department of Sociology, University of Hawai'i, 1997), 16-39.

(20)「呼寄ロマンス」は『布哇報知』に1918年4月8日から5月10日まで合計25回にわたって連載された。

(21)「縫針五六本を呑下し更に石油四合を飲む」『日布時事』1918年5月21日。

(22)「ワイアナエで毒薬心中」『布哇報知』1919年5月23日。この事件は白人向けの英字新聞でも取り上げられた。"Death Preferred to Life Apart," *Pacific Commercial Advertiser*, 24 May 1919. また、日本語新聞はこの「一大事件」の特集記事も連載した。「ワイアナエ心中」『布哇報知』1919年5月29〜31日。「ワイアナエ心中」『日布時事』1919年5月27日〜6月3日。

(23)「罪人は日本人が第一位」『布哇報知』1920年1月14日。

(24)『ハワイ日系人移民史』132。

(25)「ハナ罷業」『布哇報知』1918年5月26日。

(26) Ernest K. Wakakuwa, *A History of Japanese People in Hawaii* (Honolulu: Toyo Shoin, 1938), 251-254.

(27) "The Strike Must be Smashed," *Pacific Commercial Advertiser*, 9 February 1920. "Crush the Conspiracy," *Pacific Commercial Advertiser*, 10 February 1920. ドウス昌代『日本の陰謀：オアフ島大ストライキの光と影』(文藝春秋：1991年)。

(28) "The Hand Across the Sea," *Pacific Commercial Advertiser*, 30 January 1920. "What the Japanese Agitators Want," *Honolulu Star Bulletin*, 13 February 1920.

注　記

プロローグ

(1)本来、正しいとされる発音は「ハワイ」よりも、「ハワイィ」、あるいは「ハヴァイィ」に近い。今日のハワイ州内では、アルファベットに「オキナ」(「‘」) という記号を組み合わせて “Hawai‘i” と表記することで、従来の “Hawaii” という音とは異なる、「正しい」発音をすることが奨励されている。本書では悩んだ末に、慣例に従って「ハワイ」と表記することにしたが、今後は日本でもハワイ文化理解を進めながら、別の表記方法を模索していく必要があると思う。

(2)「残って働く望み叶わず」『布哇報知』1964年4月30日。

第1章

(1) Wayne Harada, “Hawaii-made film wins an award at Sundance,” *Honolulu Advertiser*, 31 January 1995.

(2) *Making Picture Bride* (KFVE television, 4 June 1995).

(3) Dorothy Hoobler and Thomas Hoobler, eds., *Japanese American Family Album* (New York: Oxford University Press, 1996), 38-39.

(4)「ピクチャーブライド座談会：私たちはいかにしてこの映画を企画し、完成させたのか」『キネマ旬報』1192 (1996年5月)、112-117。『キネマ旬報』1193 (1996年6月)、136-138。

(5) Noel Kent, *Hawaii: Islands Under Influence* (New York: Monthly Review Press, 1983), 22.

(6) Charles Hammatt, *Ships, Furs and Sandalwood: A Yankee Trader in Hawai‘i*, ed. Sandra Wagner-Wright (Honolulu: University of Hawai‘i Press, 1999), xxxii.

(7) 1933年にはハワイのサトウキビ総生産量の96%を「ビッグ・ファイブ」が支配するようになった。Gavan Daws, *Shoal of Time: A History of Hawaiian Islands* (Honolulu: University of Hawaii Press, 1968), 312.

(8) Charles Glick, *Sojourners and Settlers: Chinese Migrants in Hawaii* (Honolulu: Hawaii Chinese History Center, 1980), 21. Ronald Takaki, *Pau Hana: Plantation Life and Labor in Hawaii* (Honolulu: University of Hawaii Press, 1983), 25.

(9) Takaki, 38.

(10) Gary Okihiro, *Cane Fires: The Anti-Japanese Movement in Hawaii, 1865-1945* (Philadelphia: Temple University Press, 1991), 27. Takaki, 28.

(11) Okinawan Centennial Celebration Issei Commemorative Booklet Committee, ed., *To Our Issei…Our Heartfelt Gratitude* (Honolulu: Hawaii United Okinawa Association, 2000), 25, 71.

(12) “Chinese of Hawaii Launch Widespread Boycott Against Japanese Through

Construction of Identity (Detroit: Wayne State University Press, 1999), 231–263; Margaretta M. Lovell, "Mrs. Sargent, Mr. Copley, and the Empirical Eye," *Winterthur Portfolio* 33 (1998): 1–39; をあげたい。かれらの研究は、表面的な風景の奥に潜む「地層」ともいうべき過去を、普通の歴史文書だけではなく、建築、映画、音楽、絵画、衣服など、日常を取り巻くさまざまな「物」を丁寧に観察しながら探っていこうとするものだ。本書はこれらの優れた研究に多少なりとも近づきたいと願いながら書いたものである。

Hawai'i (Monroe, ME: Common Courage Press, 1993) は今日のハワイを代表する活動家が、ハワイ社会の現状を痛烈に批判したものである。Houston Wood, *Displacing Natives* (Lanham, MD: Rowman & Littlefield, 1999) は移民社会や観光産業がネイティヴ・ハワイアンから土地や資源などを収奪していった過程を描くものだが、ネイティヴ・ハワイアンの抵抗の歴史にも焦点をあてている。さらに、1898年のアメリカ合衆国によるハワイ併合を批判的に検証したものとして、Tom Coffman, *Nation Within: The Story of America's Annexation of the Nation of Hawai'i* (Kane'ohe, HI: EPIcenter, 1998) がある。また、David E. Stannard, *Before the Horror: The Population of Hawaii on the Eve of Western Contact* (Honolulu: University of Hawaii Press, 1989) は、一般の研究では30万人前後とされる18世紀のネイティヴ・ハワイアンの人口が実は80万人を超えていたとする。そして、19世紀のネイティヴ・ハワイアンの急激な人口減は白人をはじめとする移民の「ハワイ侵略」の結果であると強く批判している。

★

最後に、本書を執筆するにあたり、影響を受けた書を以下に数点あげたい。各章の論とは直接関係ないけれども、ハワイの歴史と文化を考えるうえで参考にしたものである。Rob Wilson, *Reimagining the American Pacific: From South Pacific to Bamboo Ridge and Beyond* (Durham: Duke University Press, 2000) はアジアを含む太平洋文化の一部としてハワイを捉えることで、アメリカ文化との関係を再検討するものだ。2001年の *Contemporary Pacific* (第13号) は、「太平洋のカルチュラル・スタディーズ」の可能性を探る特集を組み、多くの示唆に富む論文を掲載している。Greg Dening の *The Death of William Gooch: A History's Anthropology* (Honolulu: University of Hawaii Press, 1995) と *Mr. Bligh's Bad Language: Passion, Power and Theatre on the Bounty* (Cambridge: Cambridge University Press, 1994) は歴史を考えることと、書くことの意味を考えさせる傑作である。

また、ハワイとは関係ないけれども、ぼくの歴史を見る目に大きな影響を与えたものとして、Dell Upton, "New Views of the Virginia Landscape," *Virginia Magazine of History and Biography* 96 (1996): 403-470; Robert Blair St. George, "Placing Race at Jefferson's Monticello," in Dan Ben-Amos and Liliane Weissberg, eds., *Cultural Memory and the*

視座に含んだ歴史分析である。考古学者によるネイティヴ・ハワイアン史には Ross Cordy, *Exalted Sits the Chief* (Honolulu: Mutual Publishing, 2000) がある。

古い研究のなかでは、E.S. Craighill Handy and Mary Kawena Pukui, *Polynesian Family System in Ka'u, Hawai'i* (Honolulu: Mutual Publishing, 1998) が興味深い。ハワイ島に残る「伝統的」なネイティヴ・ハワイアンのコミュニティでのフィールド調査をまとめたものである。Pukui は、ハワイの歴史や言語、フラなどの文化に造詣が深く、多数の著書を残している。Nathaniel B. Emerson, *Unwritten Literature of Hawai'i: The Sacred Songs of the Hula* (Honolulu: Mutual Publishing, 1998) は、ハワイ生まれの著者が19世紀末に長年聞き取り調査を行いながら、「文字になっていない」伝統的なフラのチャントを収集したものである。これは、今日、フラ・カヒコに関心を寄せる人びとに不可欠な書となっている。フラの研究としては Dorothy B. Barrere, Marion Kelly, and Mary Kawena Pukui, *Hula: Historical Perspectives* (Honolulu: Bishop Museum Press, 1980) も参考になる。また、ハワイ王朝最後の王となったリリウオカラニ (Liliuokalani) 女王による手記 *Hawai'i's Story by Hawai'i's Queen* (Tokyo: Charles E. Tuttle, 1991) は、不当にも国家を奪われた指導者自身から見たハワイの歴史である。

☆

近年のハワイ研究は、より大きな太平洋世界との関連のなかで語られることが多い。代表的なものとして、K. R. Howe, Robert C. Kiste, and Brij. V. Lal, eds., *Tides of History : The Pacific Islands in the Twentieth Century* (Honolulu: University of Hawaii Press, 1994) がある。また、Robert Borofsky, ed., *Remembrance of Pacific Pasts: An Invitation to Remake History* (Honolulu: University of Hawai'i Press, 2000) はジェームズ・クリフォード、エドワード・サイード、グレッグ・デニングなどの文化研究者や、アルバート・ウェント、エペリ・ハウオファ、W. S. マーウィンなどの作家とのインタビューをとおして太平洋の過去と現在を考えている。

ネイティヴ・ハワイアンの権利回復運動を知る手がかりとして、Michael Kioni Dudley and Keoni Kealoha Agard, *Call for Hawaiian Sovereignty* (Honolulu: Na Kane O Ka Malo Press, 1993) がある。Haunani Kay Trask, *From a Native Daughter: Colonialism and Sovereignty in*

している。また、ハワイにおける「戦争の記憶」を扱ったものとして、Geoffrey M. White "Museum/Memorial/Shrine: National Narrative in National Spaces," *Museum Anthropology* 21 no. 1 (spring/summer 1997): 8-26; "Moving History: The Pearl Harbor Film(s)," *Positions* 5 no. 3 (winter 1997): 709-744 などがある。

☆

観光と文化については、近年急速に研究が進んでいるが、この分野の「古典」としてはまず Dean MacCannell, *The Tourist: A New Theory of the Leisure Class* (New York: Schocken Books, 1976) があげられるだろう。John Urry, *The Tourist Gaze: Leisure and Travel in Contemporary Societies* (New York: Sage Publications, 1990) は観光客の「まなざし」の意義を考察し、その後の研究に大きな影響を与えている。ハワイを対象にした研究としては、フラの観光化の意義などを分析した Jane Desmond, *Staging Tourism: Bodies on Display from Waikiki to Sea World* (Chicago: University of Chicago Press, 2001) やマウイの観光開発史を検証した Mansel Blackford, *Fragile Paradise: The Impact of Tourism in Maui, 1959-2000* (Lawrence: University of Kansas Press, 2001) がある。

ネイティヴ・ハワイアン社会の人類学的研究は数多い。なかでも、Jocelyn Linnekin, *Children of the Land: Exchange and Status in a Hawaiian Community* (New Brunswick: Rutgers University Press, 1985) は伝統の維持、再生、創造という観点からハワイ文化を論じたものである。Linnekin の書はハワイ文化の持つ伝統を「作り物」として否定したと非難を浴びたが、むしろ、「古来」からの伝統の継続性を強調する傾向にある（上記の中嶋弓子『ハワイ・さまよえる楽園』には Linnekin へのインタビューも掲載されている）。また、Marshall Sahlins, *Islands of History* (Chicago: University of Chicago Press, 1987) は人類学の見地に基づいて歴史を検証し、ジェームズ・クックとネイティヴ・ハワイアンの出会いについて論じた。その後、Sahlins は Patrick V. Kirch とともに、*Anahulu: The Anthropology of History in the Kingdom of Hawaii* (Chicago: University of Chicago Press, 1994) を出版し、ハワイ史をさらに人類学的な観点から考えている。上にあげた Kuykendall や Daws らによる、「書かれた資料」のみに基づく従来のハワイ史ではほとんど考察対象とされない、人間の意識や認識論を

ing（New York: Farrar Straus & Giroux, 1997）は、フィリピン系移民の描写が「差別的」であると大問題を引き起こした話題作だが、日系とフィリピン系移民の生活や、両者の関係などを考えるうえで興味深い作品でもある。Garrett Hongo の *Volcano: A Memoir of Hawai'i* (New York: Knopf, 1995) は、今日の日系アメリカ人社会を代表する詩人とされる著者が、故郷ハワイに戻って自己発見をする旅を描いたものだ。

ハワイにおける、日系をはじめとするアジア系移民研究はひとつの岐路にある。従来は上記の Takaki や Okihiro の研究のように、「被害者」としての移民体験が強調されることが多かったが、今後は同時に、ハワイの植民地化の過程でかれらが果たした役割とその意義を批判的に考える研究が重視されなければならない。その意味で、Candace Fujikane と Jonathan Y. Okamura の編集による *Amerasia Journal* の特別号（2000年第26号）"Whose Vision?: Asian Settler Colonialism in Hawai'i" は、今後のアジア系移民研究の指針となる重要なものである。

☆

第二次世界大戦下のハワイの社会史は、アメリカでも従来あまり研究されてこなかったが、Beth Bailey and David Farber, *The First Strange Place: Race and Sex in World War II Hawaii*（Baltimore: Johns Hopkins University Press, 1992）の出版により注目されるようになった。これは、ホノルルやワシントンDCなどに残る資料を丹念に調査しながら、戦争中のハワイにおける売春問題や人種関係などをまとめた貴重な研究である。本書の第II章のアイディアはこの書に負うところが大きい。Kathy E. Ferguson and Phyllis Turnbull, *Oh, Say, Can You See? The Semiotics of the Military in Hawai'i*（Minneapolis: University of Minnesota Press, 1999）は、ハワイの軍事化をフェミニズムの視点から検証したものだ。ハワイの軍事化は、力強い軍によって守られなければいけない「か弱い女性」としてのハワイ・イメージと、死と隣り合わせの勇敢な男たちに一時の慰めを与える「優しい女性」としてのハワイ・イメージの形成を助長し、「男性的」な連邦政府と「女性的」なハワイのあいだにいっそう不均衡な権力関係を築いたと著者は主張する。この書はハワイの軍事化をより大きな歴史と文化の枠組みのなかで捉えなおそうとする、最近の研究動向をよく示なるが、大半は「白人から見た」歴史にとどまっている。Fuchs と Daws はネイティヴ・ハワイアンや移民の歴史にも細かく注意をはらっているが、両書ともハワイ史を直線的な「進化の歴史」と捉える傾向にある。それに対して、Kent は近代の国際政治や貿易のなかで、一部の白人住人にのみ莫大な富をもたらしてきた過去200年間のハワイ史を一貫して批判的に検証する。本書の歴史解釈は Kent に依拠するところが大きい。ただし、この本はネイティヴ・ハワイアンのことを、搾取され続けてきた「被害者」とのみ捉える傾向があり、かれらの社会や文化が持つ力を十分に認識していないという問題もある。

☆

ハワイの日系移民史の先行研究は多いが、Gary Okihiro, *Cane Fires: The Anti-Japanese Movement in Hawaii, 1865–1945*（Philadelphia: Temple University Press, 1991）と Yukiko Kimura, *Issei: Japanese Immigrants in Hawaii*（Honolulu: University of Hawaii Press, 1992）がもっとも参考になる。さらに、日系移民のアメリカニゼーションに焦点をあてた研究として、Eileen H. Tamura, *Americanization, Acculturation, and Ethnic Identity: The Nisei Generation in Hawaii*（Urbana: University of Illinois Press, 1994）がある。沖縄系移民については、United Okinawan Association of Hawaii が編纂した *Uchinanchu: A History of Okinawans in Hawaii*（Honolulu: Ethnic Studies Program, University of Hawaii, 1981）がある。ここには口述史も含まれていて、一次資料としても興味深い。ハワイのコリアン系移民研究には、Wayne Patterson, *The Ilse: First Generation Korean Immigrants in Hawaii, 1903–1973*（Honolulu: University of Hawaiʻi Press, 2000）、中国系移民研究には Charles Glick, *Sojourners and Settlers: Chinese Migrants in Hawaii*（Honolulu: Hawaii Chinese History Center, 1980）などがある。

また、日系移民の生活を題材にした小説に Milton Murayama の *All I Asking For Is My Body*（Honolulu: University of Hawaii Press, 1988）; *Five Years on a Rock*（Honolulu: University of Hawaii Press, 1995）; *Plantation Boy*（Honolulu: University of Hawaiʻi Press, 1998）がある。ハワイの「ピジン」英語をふんだんに使いながら、ある日系移民の家族史を半自伝的に描くこのシリーズには、読み手をぐっと移民の世界に引き込む不思議な魅力がある。Lois Ann Yamanaka の *Blu's Hang-*

人類学の戦略：文化の売り方・売られ方』（世界思想社：1999年）にも、ワイキキ地区の観光開発とその文化的意義を考察する短い章がある。

☆

ネイティヴ・ハワイアンの信仰や伝統を知る入門書としては、上記の池澤夏樹『ハワイイ紀行』が最適だろう。また、ポリネシア文化の考古学や神話学を知るうえでは、後藤明『ハワイ・南太平洋の神話』（中公新書：1997年）と『南島の神話』（中公文庫：2002年）が参考になる。『南島の神話』ではハワイの創世神話であるクムリポが翻訳されている。

ハワイに住んだ日本人の生活記も多数出版されている。なかでも、興味深いものとして、加藤秀俊『ホノルルの街かどから』（中央公論社：1974年）と、ハロラン芙美子『ホノルルからの手紙』（中公新書：1995年）がある。前者は著名な比較文化研究者が家族とともに住んだホノルルの印象をまとめたもので、アメリカ本土や日本の社会との関連のなかでハワイでの毎日が語られている。後者はアメリカ本土からハワイへ引っ越してきたノン・フィクション作家が、資料館などにある歴史資料を参考にしつつ、自らの日々の体験のなかで今日のハワイ社会を論じるものである。

★

本書では英文の本も多く参考にした（日本語の資料と同様に、本文中に引用したものは注にも記している）。英語で書かれたハワイ研究の本や論文は膨大な数にのぼるので、ここではとくに興味深いと感じたものを選ぶにとどめたことをご了承願いたい。

☆

ハワイ史の基本書としては、Ralph Kuykendall, *The Hawaiian Kingdom* vol. 1-3（Honolulu: University of Hawaii Press, 1938-1967）; Lawrence Fuchs, *Hawaii Pono: A Social History*（New York: Harcourt, Brace and World, 1961）; Gavan Daws, *Shoal of Time: A History of Hawaiian Islands*（Honolulu: University of Hawaii Press, 1968）; Noel Kent, *Hawaii: Islands Under Influence*（New York: Monthly Review Press, 1983）がある。Kuykendall の書は全 3 冊に及び、史実が詳細に語られていて参考に

観：多文化主義社会ハワイから』（淡交社：1992年)、沖田行司『ハワイ日系移民の教育史』（ミネルヴァ書房：1997年）などがあげられる。ユニークなものとしては、日系労働者の衣服の変遷を分析したバーバラ・F・川上『ハワイ日系移民の服飾史：絣からパラカへ』（香月洋一郎訳　平凡社：1998年）がある。ドウス昌代『日本の陰謀：ハワイ・オアフ島大ストライキの光と影』（文藝春秋：1991年）は1920年のオアフ島のストライキに焦点をあて、当時の日系人社会が直面したさまざまな問題を詳細に論じている。また、日系移民のライフ・ヒストリーとして、中野卓『日系女性立川サエの生活史：ハワイの私・日本での私　1889〜1982』（御茶の水書房：1983年)、前山隆『ハワイの辛抱人：明治福島移民の個人史』（御茶の水書房：1986年）などがある。沖縄系移民に焦点をあてた研究としては、鳥越皓之『沖縄ハワイ移民一世の記録』（中公新書：1988年)、コリアン系移民の研究には原尻英樹『コリアンタウンの民族誌：ハワイ・LA・生野』（ちくま新書：2000年）がある。

☆

パール・ハーバー攻撃に関する歴史書は日米で数多く出版されている。しかし、大半は攻撃にいたるまでの政治史や国際関係史、あるいは実際の攻撃の内容を詳細に論じる軍事史が中心である。本書で論じたような、攻撃がハワイの人びとの生活に与えた影響に焦点をあてた研究は残念ながら日本にはほとんどない。パール・ハーバー後の日系人の体験をまとめたものとして、トミ・カイザワ・ネイフラー『引き裂かれた家族：第二次世界大戦下のハワイ日系七家族』（尾原玲子訳　日本放送出版協会：1992年)、毛利恒之『虹の絆：ハワイ日系人　母の記録』（毎日新聞社：2000年）などがある。日米の対立のはざまで翻弄された日系人家族の苦悩が描かれている。また、沖縄系帰米二世の従軍をまとめたものとして、堀江誠二『ある沖縄ハワイ移民の「真珠湾」：「生みの親」と「育ちの国」のはざまで』（PHP 研究所：1991年）がある。

ハワイの観光を経済的な観点から論じたものは多数あるが、本書のように文化との関連で観光開発の意義を考えたものはまだ少ない。山中速人『イメージの「楽園」：観光ハワイの文化史』（筑摩書房：1992年）は先駆的な研究のひとつであり、欧米と日本における「楽園ハワイ」イメージの形成過程が分析されている。橋本和也『観光

参考文献

日本では、ハワイに関する本が毎年数多く出版されている。しかし、その大半がいわゆるビーチやショッピング紹介を中心とする「ハワイガイド」であり、文化や歴史を知るうえで参考になるものはそれほど多くない。ここでは、通常の観光ガイドとは異なるハワイの一面を知る手がかりとなる本をいくつか紹介したい。以下のリストのなかには、既に本文でその一部を引用しているものもあるが、その際は、巻末に付けた注にも書誌情報を記したので、参考にしていただきたい。

★

「ハワイのことをもっと知りたい」という人は、まず山中速人『ハワイ』（岩波書店：1993年）と池澤夏樹『ハワイイ紀行：完全版』（新潮社：2000年）からはじめると良いだろう。両書とも単なる「楽園ハワイ紹介」とは異なり、ネイティヴ・ハワイアンの文化やエコロジーの観点からハワイを詳しく紹介している。『ハワイ』は長年ホノルルに住んだ社会学者が、『ハワイイ紀行』は太平洋の文化に詳しい芥川賞作家が、観光産業によって生み出される安易な楽園像に強い問題意識を抱きながら書いたものである。また、同じくネイティヴ・ハワイアンや移民の歴史と文化を詳しく論じながら、楽園イメージの影に焦点をあてたものとして、中嶋弓子『ハワイ・さまよえる楽園：民族と国家の衝突』（東京書籍：1993年）がある。とりわけ、1993年の王朝転覆100周年行事を巡る記述は、当時のジョン・ワイヘエ知事らのインタビューなども含まれていて興味深い。

☆

第Ⅰ章で論じた移民の生活を知るための入門書として、ロナルド・タカキ『パウ・ハナ：ハワイ移民の社会史』（富田虎男・白井洋子訳　刀水書房：1986年）がある。日系や中国系移民だけではなく、ヨーロッパ、カリブ、フィリピンなどから来た人びとの生活についても知ることができる。ハワイの日系移民研究は日本でも蓄積があり、足立聿宏『ハワイ日系人史：日本とアメリカの間に在りて』（葦の葉出版会：1977年）、高木眞理子『日系アメリカ人の日本

1945……………［ハワイ史年表］……………2001

［1945］　広島、長崎に原子爆弾が投下され、第二次世界大戦が終わる。

［1946］　ハワイ各地のサトウキビ農場で79日間にわたるストライキ。ハワイ史上初めて、民族の違いを超えて労働者が一致団結し、賃上げなどの要求を勝ち取った。

［1948］　岡晴夫の「憧れのハワイ航路」が日本でヒット。

［1950］　日本でハワイアン・ブームが起こる。

［1952］　ウォルター・マッカラン法により、日系一世の帰化が可能になる。

［1959］　ハワイがアメリカ合衆国の50番目の州となる。◆ダニエル・イノウエが連邦議会下院議員となる。

［1962］　民主党のバーンズが知事に当選。◆イノウエが連邦議会上院議員となり、スパーク・マツナガが下院議員に当選する。

［1963］　日本各地でハワイ祭が催され、バーンズ知事が訪日する。◆映画『ハワイの若大将』が公開される。

［1964］　日本で海外旅行が解禁となる。約３万5000人がハワイを訪れる。◆東京オリンピック開催。◆パッツィ・タケモト・ミンクがアジア系女性として初めて連邦議会下院議員に当選。◆第１回メリー・モナーク・フェスティヴァルがヒロで開催される。

［1970］　東京・ハワイ間にジャンボジェット機が就航。◆大阪万博開催。

［1974］　日系アメリカ人のジョージ・アリヨシが知事に当選。

［1976］　アウトリガー・カヌー「ホクレア号」によるタヒチへの航海が成功を収め、過去のポリネシア人による大移住が「証明」された。

［1978］　日本からの観光客が50万人を超える。

［1986］　ネイティヴ・ハワイアンのジョン・ワイヘエが知事に当選する。

［1987］　日本からの観光客が100万人を超える。

［1992］　「パイナップルの島」として知られたラナイ島のパイナップル農場が閉鎖。島は高級リゾート地として再出発する。

［1993］　王朝転覆100周年行事が行われる。クリントン大統領がネイティヴ・ハワイアンへの謝罪決議に署名する。

［1994］　フィリピン系アメリカ人のベンジャミン・カヤタノが知事に当選。

［1996］　日本からの観光客が200万人を超える。

［2001］　長引く景気の低迷とアメリカ東部で起きた同時多発テロの影響で、日本からの観光客が年間151万人に激減し、観光産業が大打撃を受ける。

1898……………［ハワイ史年表］……………1944

［1898］　米西戦争勃発。7月7日、アメリカのウィリアム・マッキンレー大統領がハワイ併合の書類に署名する。8月12日、アメリカ軍が見守るなか、イオラニ宮殿に星条旗が掲げられる。

［1899］　次期女王となるはずだったヴィクトリア・カイウラニが失意のうちに23歳で死去。

［1900］　沖縄からの最初の移民が到着。◆プエルト・リコからの移住がはじまる。◆米国移民法が適用され、契約移民制度が廃止される。

［1901］　モアナ・ホテルが開業。◆ジェームズ・ドールがパイナップル栽培をはじめる。

［1903］　ハワイ観光局の前身であるハワイ・プロモーション・ソサエティが設立される。◆朝鮮半島からの本格的な移住がはじまる。

［1907］　フィリピンからの本格的な移住がはじまる。◆日本人のハワイから米国への転航が禁止される。

［1908］　日米間で結ばれた「紳士協定」の結果、日本人労働者の移住が制限される。代わりに、「ピクチャーブライド」として渡航する女性の数が増加する。

［1909］　オアフ島で日本人を中心にストライキが起こる。

［1912］　ネイティヴ・ハワイアンの水泳選手デューク・カハナモクがストックホルム五輪で金メダルを獲得。

［1917］　リリウオカラニ前女王死去。

［1920］　日本人とフィリピン人労働者が中心となり、オアフ島でストライキが起こる。

［1921］　マカデミアナッツ栽培がはじまる。

［1922］　日系一世タカオ・オザワの帰化申請が連邦最高裁によって却下される。日系一世が米国市民権を取得できる可能性は第二次世界大戦後まで閉ざされる。

［1924］　アラ・ワイ運河が完成し、現在のワイキキの形ができあがる。◆アメリカ合衆国議会で移民法が通過し、アジアからの移住が事実上禁止される。

［1927］　ロイヤル・ハワイアン・ホテル（ピンク・パレス）が開業する。

［1933］　バッキー・白片がアロハ・ハワイアンズ・トリオの一員として訪日。日本でハワイアン音楽のブームが起こる。

［1941］　12月7日朝、日本軍がパール・ハーバー（真珠湾）を攻撃。ハワイ全土に戒厳令が布告される。

［1943］　ハワイで日系人兵士の募集が行われ、1万人以上もの応募がある。ハワイの日系人兵士はアメリカ西海岸出身の兵士とともに第442連隊を構成し、ヨーロッパ戦線で戦う。

［1944］　戒厳令が解除される。

1863……………［ハワイ史年表］……………1895

争勃発。北部で南部産の砂糖に代わり、ハワイ産の需要が高まる。

［1863］　カメハメハ四世死去。ロト・カプアイワがカメハメハ五世として即位。

［1868］　日本から最初の契約労働移民（「元年者」）が来島する。

［1872］　カメハメハ五世が後継者を残さずに死去。

［1873］　ウィリアム・ルナリロがハワイ議会によって王に選ばれる。

［1874］　ルナリロ王死去。デヴィッド・カラカウアが王に選ばれる。◆このころ、王の努力により、フラが復興する。

［1876］　アメリカとの条約によって、ハワイ産の砂糖の関税が撤廃される。サトウキビの生産量がいっそう増加する。

［1878］　ポルトガルからの移民がはじまる。

［1881］　カラカウア王が世界旅行に出る。日本を訪れ、明治天皇に謁見し、ハワイのサトウキビ畑に労働者を送るよう要請する。日本とハワイの同盟関係を強めるために、姪のヴィクトリア・カイウラニと山階宮定宮親王（後の東伏見宮依仁親王）の縁組を求めるが断られる。

［1882］　中国人排斥法がアメリカ議会を通過。ハワイでも反中国人感情が高まる。

［1883］　カメハメハ王の銅像が完成する。

［1885］　日本からの移民が再開する。政府の斡旋による「官約移民」が送られる。

［1887］　カラカウア王が、ハワイ在住の白人により新憲法の発布を強制される。王の拒否権が剝奪され、ハワイ国籍を持たない白人男性が議会選挙に投票できるようになる。◆1876年の米国との互恵条約の更新が批准される。アメリカ海軍の船がパール・ハーバーを修理と燃料補給に使用することが認められる。

［1891］　カラカウア王がサンフランシスコで死去。妹のリリウオカラニが女王に就く。

［1893］　ネイティヴ・ハワイアンの権利強化を図るリリウオカラニ女王に対抗して、白人住民がクーデターを起こす。アメリカ軍が上陸し、クーデターを支援する。女王は抗議宣言を発しながらも、退位を余儀なくされる。◆アメリカのグローヴァー・クリーヴランド大統領は、アメリカ領事と海軍の介入を違法と判断し、ハワイ併合を拒否する。

［1894］　クーデター政権がハワイ共和国を樹立する。◆日本からの移住が民間会社によって斡旋されるようになる。

［1895］　王朝派が反撃を図るが、共和国政府が勝利し、リリウオカラニは翌年までイオラニ宮殿に幽閉される。

300……………[ハワイ史年表]……………1861

[300-750ころ]　南太平洋からハワイへ人の移動がはじまる。今日のトンガやサモアを経由し、マルキーズ諸島から北方のハワイへと向かった。
[1100-1300ころ]　ハワイとタヒチの交流が盛んになる。
[1300ころ]　ハワイと南太平洋の島々の交流が断たれる。ハワイで独自の社会と文化が形成されるようになる。
[1778]　イギリス人ジェームズ・クックがハワイへ来航。
[1779]　クックがハワイ島で殺害される。
[1790]　ハワイ島のキラウエア火山が爆発し、カメハメハの敵が全滅する。この後、カメハメハはハワイ島での覇権を確立する。白檀などの天然資源を欧米人に売り、武器、船舶、鉄、衣服などの物品を積極的に輸入する。
[1794]　カメハメハがマウイ島、モロカイ島、ラナイ島、カホオラヴェ島を征服。
[1795]　カメハメハがヌアヌ・パリの戦いに勝利し、オアフ島を征服。
[1810]　ニイハウ島とカウアイ島の支配者カウムアリイが両島の覇権をカメハメハに譲る。統一ハワイ王朝が確立され、カメハメハが初代の王となる。
[1819]　カメハメハ一世死去。息子のリホリホがカメハメハ二世として王位に就くが、実権はカメハメハ一世の妻のひとりカアフマヌが掌握する。カプが廃止され、島内のヘイアウが破壊される。◆アメリカから最初の捕鯨船が入港。
[1820]　ボストンよりキリスト教宣教師が渡来。
[1824]　カメハメハ二世が訪問先のロンドンで死去。
[1825]　カウイケアオウリがカメハメハ三世として即位。◆カアフマヌがキリスト教に改宗する。
[1828]　ハワイ島コナでコーヒー栽培がはじまる。
[1830]　ハワイの山から白檀がほとんどなくなる。ホノルルやライハナが捕鯨船の基地として栄えるようになる。
[1835]　カウアイ島で本格的なサトウキビ栽培が開始される。
[1840]　最初のハワイ憲法が発布される。
[1848]　ネイティヴ・ハワイアンの土地私有が認められる。
[1850]　外国人の土地私有が認められる。ハワイ在住の白人が土地を買い占め、大規模なサトウキビ農場や牧場をはじめるようになる。
[1852]　サトウキビ畑の労働者として、中国より契約労働移民が来島。
[1854]　カメハメハ三世死去。アレクザンダー・リホリホがカメハメハ四世として即位。
[1861]　アメリカ合衆国で南北戦

Sol Hoopii（ソル・フーピ）がもっとも有名だ。彼は1930年代にハリウッドで流行っていた「ハワイもの」の映画に自ら出演し、スチール・ギターの音を全米だけではなく、全世界に広めた。

ハワイのウクレレ界には、Eddie Kamae（エディ・カマエ）や Herb Ohta（ハーブ・オータ）などの「大御所」から、ベイシストとしての長いキャリアを経てウクレレに「戻って」きた Lyle Ritz（ライル・リッツ）や、Pure Heart と Colon の中心メンバーとして活躍する Jake Shimabukuro（ジェイク・シマブクロ）のような気鋭の若者まで、多彩な顔ぶれがそろっている。オータとリッツが競演する *Ukulele Duo* は、ウクレレのファンにはとても贅沢なアルバムだ。シマブクロの演奏技術は圧巻で、まさに「ノミが跳ねる」かのような軽やかな指使いでウクレレを弾く。

移民文化の伝統

ひとくちにハワイアン音楽といっても、イプとチャントだけの古典的なものから、エレキ・ギターやシンセサイザーを駆使した新しいものまで、また、ハワイ語で歌うもの、英語で歌うもの、ポップ、ロック、レゲエ調のもの、ギターやウクレレだけのインストルメンタルなど、実に多様だ。

ハワイのグラミー賞にあたるホク賞には「コンテンポラリー」「アイランド・コンテンポラリー」「インストルメンタル」「ハワイ語の歌」など、20近いジャンルがもうけられているほどだ。さらに、移民の歴史のなかで生まれてきた「エスニック」な音楽もある。本書でも言及した「ホレホレ節」のような演歌調の日系ミュージックや、プエルトリコ系の移民が受け継いできた「ダンサ」など、各移民文化の伝統がさまざまな形で存在している。

これら多様なハワイアン音楽には、長いハワイの歴史と、この土地に根ざす多彩な文化の一面を、何らかの形で表現しようとする共通の思いがある。だからこそ、どんな曲でも、どこにいても、聴く者の想像力をハワイへといざなってくれる。いろいろなジャンルを聴いてみて、ぜひお気に入りを見つけてほしい。

ハワイの音楽

「ウクレレ・デュオ」
ビクターエンタテインメント

めに、今日のカリフォルニアからやって来たメキシコ系のカウボーイたちがハワイアンに伝授したギターの演奏方法が起源といわれる。

スチール・ギターはギターを水平にして、琴のようにして弾くもので、いわゆる典型的なハワイアン音楽には欠かせない楽器だ。19世紀末にハワイではじめられた演奏方法といわれるが、その後は、全米のみならず、ヨーロッパや日本などにも広まり流行した。今でもハワイでは広く使われている。

日本でもおなじみのウクレレは、19世紀後半に来たポルトガルの移民がもたらしたブラギーニャという小型版のギターが起源とされている。「ウクレレ」は「跳ぶノミ」という意味だという説があるが、それは弾き手の指がまるでノミのように軽快に弾むからだという。

スラック・キー・ギターの名手としては、上にあげたギャビー・パヒヌイの他にも Sonny Chillingworth（ソニー・チリングワース）、Leonard Kwan（レナード・クウァン）、 Ray Kane（レイ・カーネ）などが知られる。今日活躍している演奏家にはPeter Moon（ピーター・ムーン）、Keola & Kapono Beamer（ケオラ・ビーマー、カポノ・ビーマー）、John Keawe（ジョン・ケアヴェ）などがいる。ハワイアン音楽の第一人者として知られるムーンはウクレレの演奏でも有名だ。

ビーマー兄弟は1978年のヒット曲 “Honolulu City Lights” で知られるが、それぞれソロでも活動している。ケアヴェのアルバム *Heartfelt* のフィナーレを飾る “Slack Key Heaven” という曲はパヒヌイ、チリングワース、アタ・アイザックス（Atta Issacs）という3人の巨匠に捧げられていて、スラック・キー・ギターの歴史とその意味を、ギター演奏しながら語るものである。

スチール・ギターといえば、

uwehi O Ke Kai" などは、とても心地よい音に仕上がっている。

ハパの他にも、今日活躍する有名グループとしてマカハ・サンズや Brothers Cazimero（ブラザーズ・カジメロ）などがあげられる。第Ⅳ章で引用した "Kaulana na Pua" をブラザーズ・カジメロがライブで歌うのを聴いたことがあるけれど、彼らの美しいハーモニーが、悲しい歌詞の内容をいっそう強烈なものにしていた。

この曲は *The Caz Live* というアルバムにもおさめられているが、こちらのバージョンはアップテンポで歌われていて、リリウオカラニ政権を転覆させた白人クーデターに対する怒りの気持ちがストレートに出ているという印象を受ける。

若手の人気グループとしては 'Ale'a（アレア）が知られる。アレアとは「甘い声」という意味だが、その名のとおり、美しいハーモニーだ。

アルバム *Take Me Home* は、Chris de Burgh（クリス・デバー）の "Lady in Red" のカバーから、ハワイアンの「古典」である "Kanaka" までを含むもので、今日の若手ハワイアン・アーティストの才能の幅を感じさせるものだ。

「HAPA」
オーマガトキ

また、かれらの歌う "Cowboy Melody" は、ハワイに残るパニオロと呼ばれるカウボーイの伝統を歌っている。ベテランのパニオロ歌手 Clyde Halema'uma'u Sproat（クライド・ハレマウマウ・スプロート）などが歌っていたカウボーイソングが、牧場生活とは無縁な雰囲気の若手グループに受け継がれていて興味深い。

ギターとウクレレ

ハワイアン音楽の三大楽器はスラック・キー・ギター、スチール・ギター、ウクレレだ。スラック・キー・ギターは弦を緩めて（slack とは緩めるという意味）、独自のチューニングで弾く方法のギターだ。19世紀初

ハワイの音楽

「レイ・アナ」
TYOミュージック

せるアレンジの曲を多く歌う。

また、女性3人組のNa Leo（ナ・レオ）は日本でも“I Miss You, My Hawai‘i”がヒットしたから知っている人も多いだろう。1984年結成のベテラン・グループで、英語で歌う軽快なテンポの曲が多い。「甘ったるい」という批判もあるけれども、その澄んだハーモニーはとてもきれいだ。

この他にも、人気女性ヴォーカリストとしてRobbi Kahakalau（ロビー・カハカラウ）がいる。ハワイの伝説をハワイ語を使いながら、子供たちに向けてポップなメロディで語りかける彼女の“Keiki O Ka ‘Aina La”は、多くのハワイの子供たちに親しまれている。

また、IZ以外の人気男性ヴォーカリストとしては Keali‘i Rachel（ケアリイ・レイシェル）がいる。マウイ島に住むクム・フラ（フラの師）であるレイシェルは、伝統的なメレから甘いラヴソングなど、幅広いジャンルの曲を歌う。デビューアルバム *Kawaipunahele* におさめられた同名のハワイ語のラヴソングは彼の人気を不動なものにしたヒット曲だ。また、アルバム *E O Mai* の“Sovereignty Song”（「独立の歌」）のように、かなり政治色の濃いものもある。その他にも素晴らしいチャントを披露する Sonny Ching（ソニー・チン）や、ロックやレゲエ調のものから伝統的なチャントまでをこなす Willie K（ウィリー・K）などが人気だ。

HAPA

本書の第IV章で論じたHAPA（ハパ）は *In the Name of Love* 以外にも *HAPA* や *Namahana* などのアルバムを出している。両アルバムともギターとコーラスを中心としていて、*In the Name of Love* よりシンプルな感じだ。*HAPA* に入っている、バリー・フラネガンのアレンジによる“Ka Ul-

っている“Somewhere Over the Rainbow/What a Wonderful World”は Gabby に捧げられている。IZ がもっとも尊敬していたハワイのミュージシャンのひとりが Gabby Pahinui（ギャビー・パヒヌイ）だ。今日のハワイアン音楽の原点とさえいわれるパヒヌイは、スラック・キー・ギターの名手として知られるが、歌声も素晴らしい。数ある録音のなかでも、「ブラウン・アルバム」と呼ばれる *Gabby* がいい。

ハワイの歌姫

一方、女性アーティストの「古典」は Lena Machado（レナ・マチャド）だろう。1920年代から活躍していた彼女は「ハワイの歌姫」として知られ、長いあいだハワイアン音楽の代名詞のような存在だった。1962年に自分の愛称と同じタイトルのアルバム *Hawaii's Songbird* を発表している。また、Genoa Keawe（ジェノア・ケアヴェ）はマチャドとともに女性ハワイアン・ヴォーカリスト界の双璧をなす存在だ。

彼女のファルセット・ヴォイスは「まったく信じ難い」と形

PU'UHONUA
HANAIALI'I RECORDS

容されるが、確かにすごい。80歳を過ぎても、かくしゃくとして以前と変わらぬ美しい声で演奏を続けている。代表曲の“Alika”などを聴くと、よくもあれほど息が続くなあ、とつくづく感心してしまう。

マチャドやケアヴェより若い世代の女性ハワイアン歌手のなかでは、Amy Hanaiali'i Gilliom（エミー・ハナイアリイ・ギリオム）と Teresa Bright（テレサ・ブライト）が素晴らしい。ふたりとも、とても美しい歌声の持ち主で、ハワイ語と英語の両方で歌う。

ギリオムはアルバム *Hawaiian Tradition* や *Pu'uhonua* などで、どちらかというと伝統的な曲を歌うのに対し、ブライトは *Self-Portrait* や *Lei Ana* などで、ジャズやブルースを連想さ

ハワイの音楽

FACING FUTURE
BIGBOY RECORD

Road")だ。"Hawai'i '78" はもともと IZ がマカハ・サンズのメンバーだったときに歌っていたものだが、王朝転覆100周年の93年に出されたこのアルバムの最初を飾る曲にもなっている。ここでは、亡くなった自分の父親のことを語りながら、「先祖たちが今のハワイを見たら、いったいどう思うだろう」と問いかけている。軍事と観光にばかり依存する現代ハワイ社会を痛烈に批判しながら、ネイティヴ・ハワイアンが独自のアイデンティティを維持し続けることの大切さを歌にしたものだ。

一方、"Take Me Home Country Road" は、アメリカの人気フォーク歌手 John Denver(ジョン・デンヴァー)が歌ったヒット曲の歌詞を書き換えて、自分の育ったマカハ地区の美しさを歌い上げた曲だ。

Almost heaven, west Makaha (天国のような西マカハ)
High ridge mountains (背の高い山と)
Crystal clear water (きれいな水)
All my friends there hanging down the beach (友人たちがビーチに集まっている)
Young and old among them, feel the ocean dream (老いも若きも、海を見て夢見る)
Country road, take me home, to the place I belong (カントリー・ロードよ、故郷に連れて帰ってくれるかな)
West Makaha! (それは西マカハ!)

こうしてはじまるこの歌は、アメリカ南東部のウェスト・ヴァージニアの山を舞台にしていたオリジナルの曲を、見事にハワイの海と山をテーマにしたものに変えている。IZの歌には常にハワイという土地に対する深い愛情と敬意がこめられているのだ。

Facing Future の14曲めに入

HAWAIIAN MUSIC

人口100万人程度のハワイ州には、驚くほど活発な音楽シーンがある。CD ショップには必ず大きなハワイアン音楽のコーナーがあり、多くの人びとで賑わっている。各店の売り上げトップ10には、ハワイアンのアルバムがよくランクインしている。

ハワイにはたくさんのアーティストが住んでいるから、毎日のように、どこかで一流の生演奏を聴くことができる。びっくりするような有名人が、ホテルのバーやレストランなどで、あたりまえに演奏をしていたり、近くの公園などで行われている地域のイベントに参加していたりするのを見かける。音楽がいつも身近に感じられるのも、ハワイの醍醐味のひとつだ。

ここでは、ぼくのお気に入りのアーティストを紹介したい。ただし、これは音楽の専門家による批評ではないことをあらかじめお断りしておく。ぼくはギターやウクレレを弾くわけではないし、ハワイアン音楽を正式に勉強したことがあるわけでもない。むしろ、ここでは、本書の原稿を書きながらよく聴いていた、ぼくの好きなアーティストを何人か紹介する。当然のこと、不完全なリストであるが、これを機にちょっとでも聴いてみようかなと思っていただければ幸いである。

惜しまれるイズラエルの死

ハワイアン音楽といえば、まずは、Israel Kamakawiwo‘ole（イズラエル・カマカヴィヴォレ）である。ハワイでは IZ、日本では「イズラエル」として知られる彼は、まさに今日のハワイを代表するミュージシャンだった。1997年に38歳の若さでこの世を去ったとき、ハワイ中がその死を悼み、州議事堂で開かれたお別れ会には、知事をはじめ1万人を超える参列者があったという。

IZ の CD はどれも良いけれど、ぼくは *Facing Future* がとくに好きだ。人気グループ Makaha Sons（マカハ・サンズ）から独立し、ソロになったIZの名声を確立したアルバムだ。ウクレレ演奏に合わせて歌う、“‘Ama‘ama” や “Ka Pua U‘i” のようなハワイ語の曲もいいけれど、ぼくのお気に入りは1曲めの “Hawai‘i ’78” と5曲めのハワイ版の「カントリー・ロード」（“Take Me Home Country

矢口祐人（やぐち・ゆうじん）

1966年（昭和41年）北海道に生まれる．ゴーシェン大学教養学部卒業．ウィリアム・アンド・メアリ大学大学院アメリカ研究科博士課程修了．北海道大学助教授を経て，現在，東京大学大学院情報学環教授．
著書『ハワイの歴史と文化』（中公新書，2002年）
『現代アメリカのキーワード』（中公新書，2006年）
『入門　ハワイ・真珠湾の記憶』（共著，明石書店，2007年）
『憧れのハワイ――日本人のハワイ観』（中央公論新社　2011年2月）（ヨゼフ・ロゲンドルフ賞受賞）
『ハワイ王国物語――カメハメハからクヒオまで』（イカロス出版　2011年7月）
『奇妙なアメリカ』（新潮選書，2014年）
『なぜ東大は男だらけなのか』（集英社新書，2024年）
訳書『アメリカの女性の歴史』（サラ・エヴァンス著，共訳，明石書店，1997年，第2版，2005年）
『明治日本の女たち』（アリス・メイベル・ベーコン著，共訳，みすず書房，2003年）
『アロハシャツの魅力』（リンダ・アーサー他著，共訳，アップフロントブックス，2005年）など

ハワイの歴《れき》史《し》と文《ぶん》化《か》
中公新書 *1644*

2002年6月25日初版
2024年6月30日8版

著　者　矢口祐人
発行者　安部順一

本文印刷　暁印刷
カバー印刷　大熊整美堂
製　本　小泉製本

発行所　中央公論新社
〒100-8152
東京都千代田区大手町1-7-1
電話　販売 03-5299-1730
編集 03-5299-1830
URL https://www.chuko.co.jp/

Published by CHUOKORON-SHINSHA, INC.
Printed in Japan　ISBN978-4-12-101644-7 C1222

中公新書刊行のことば

一九六二年一一月

いまからちょうど五世紀まえ、グーテンベルクが近代印刷術を発明したとき、書物の大量生産は潜在的可能性を獲得し、いまからちょうど一世紀まえ、世界のおもな文明国で義務教育制度が採用されたとき、書物の大量需要の潜在性が形成された。この二つの潜在性がはげしく現実化したのが現代である。

いまや、書物によって視野を拡大し、変りゆく世界に豊かに対応しようとする強い要求を私たちは抑えることができない。この要求にこたえる義務を、今日の書物は背負っている。だが、その義務は、たんに専門的知識の通俗化をはかることによって果たされるものでもなく、通俗的好奇心にうったえて、いたずらに発行部数の巨大さを誇ることによって果たされるものでもない。現代を真摯に生きようとする読者に、真に知るに価いする知識だけを選びだして提供すること、これが中公新書の最大の目標である。

私たちは、知識として錯覚しているものによってしばしば動かされ、裏切られる。私たちは、作為によってあたえられた知識のうえに生きることがあまりに多く、ゆるぎない事実を通して思索することがあまりにすくない。中公新書が、その一貫した特色として自らに課すものは、この事実のみの持つ無条件の説得力を発揮させることである。現代にあらたな意味を投げかけるべく待機している過去の歴史的事実もまた、中公新書によって数多く発掘されるであろう。

中公新書は、現代を自らの眼で見つめようとする、逞しい知的な読者の活力となることを欲している。

中公新書

宗教・倫理

b1

- 372 日本の神々　松前　健
- 288 日常佛教語　岩本　裕
- 1130 仏教とは何か　山折哲雄
- 134 地獄の思想　梅原　猛
- 196 法華経　田村芳朗
- 400 禅思想　柳田聖山
- 1807 道元の和歌　松本章男
- 1799 白隠―禅画の世界　芳澤勝弘
- 1526 法然讃歌　寺内大吉
- 1512 悪と往生　山折哲雄
- 1661 こころの作法　山折哲雄
- 989 儒教とは何か　加地伸行
- 1685 儒教の知恵　串田久治
- 1707 ヒンドゥー教―インドの聖と俗　森本達雄
- 1717 ローマ帝国の神々　小川英雄
- 105 聖書　赤司道雄
- 1446 聖書神話の解読　西山　清
- 1663 倫理の探索　関根清三
- 1424 アメリカ精神の源　ハロラン芙美子
- 1381 「良い仕事」の思想　杉村芳美
- 950 経済倫理学のすすめ　竹内靖雄

中公新書

世界史

e2

1045 物語 イタリアの歴史 藤沢道郎
1771 物語 イタリアの歴史 II 藤沢道郎
144 ネロ 秀村欣二
1100 皇帝たちの都ローマ 青柳正規
1352 トリマルキオの饗宴 青柳正規
1730 路地裏のルネサンス 高橋友子
1635 物語 スペインの歴史 岩根圀和
1750 物語 スペインの歴史 人物篇 岩根圀和
1283 西ゴート王国の遺産 鈴木康久
1564 物語 カタルーニャの歴史 田澤 耕
138 ジャンヌ・ダルク 村松 剛
1032 もうひとつのイギリス史 小池 滋
1383 イギリス・ルネサンスの女たち 石井美樹子
1801 物語 大英博物館 出口保夫
1215 物語 アイルランドの歴史 波多野裕造

1546 物語 スイスの歴史 森田安一
1420 物語 ドイツの歴史 阿部謹也
1203 都市フランクフルトの歴史 小倉欣一 大澤武男
1838 物語 チェコの歴史 薩摩秀登
1131 物語 北欧の歴史 武田龍夫
1758 物語 バルト三国の歴史 志摩園子
1655 物語 ウクライナの歴史 黒川祐次
1474 バルチック艦隊 大江志乃夫
1042 物語 アメリカの歴史 猿谷 要
1437 物語 ラテン・アメリカの歴史 増田義郎
1543 南米ポトシ銀山 青木康征
1547 物語 オーストラリアの歴史 竹田いさみ
1644 ハワイの歴史と文化 矢口祐人
518 刑吏の社会史 阿部謹也
30 ユダヤ人 村松 剛

中公新書

現代史

f1

765 日本の参謀本部　大江志乃夫
632 海軍と日本　池田　清
881 後藤新平　北岡伸一
377 満州事変　臼井勝美
1138 キメラ―満洲国の肖像（増補版）　山室信一
40 馬　賊　渡辺龍作
1232 軍国日本の興亡　猪木正道
76 二・二六事件（増補改版）　高橋正衛
1147 日露国境交渉史　木村　汎
1218 日中開戦　北　博昭
1532 新版　日中戦争　臼井勝美
795 南京事件　秦　郁彦
84 90 太平洋戦争（上下）　児島　襄
244 248 東京裁判（上下）　児島　襄
1307 日本海軍の終戦工作　纐纈　厚
1459 巣鴨プリズン　小林弘忠
828 清沢《きよさわ》 洌《きよし》（増補版）　北岡伸一
1759 言論統制　佐藤卓己
1711 徳富蘇峰　米原　謙
1406 皇紀・万博・オリンピック　古川隆久
1808 復興計画　越澤　明
1574 海の友情　阿川尚之
1733 民俗学の熱き日々　鶴見太郎
1804 戦後和解　小菅信子
1820 丸山眞男の時代　竹内　洋
1821 安田講堂1968-1969　島　泰三
1464 金（ゴールド）が語る20世紀　鯖田豊之

中公新書

現代史

27 ワイマル共和国　林　健太郎
154 ナチズム　村瀬興雄
478 アドルフ・ヒトラー　村瀬興雄
1572 ヒトラー・ユーゲント　平井　正
446 ナチ・エリート　山口　定
1688 ユダヤ・エリート　鈴木輝二
530 チャーチル（増補版）　河合秀和
1415 フランス現代史　渡邊啓貴
652 中国―歴史・社会・国際関係　中嶋嶺雄
1409 中国革命を駆け抜けたアウトローたち　福本勝清
1394 中華民国　横山宏章
1544 漢奸裁判　劉　傑
1487 中国現代史　小島朋之
1363 香港回帰　中嶋嶺雄
1351 韓国の族閥・軍閥・財閥　池　東旭

1650 韓国大統領列伝　池　東旭
1762 韓国の軍隊　尹　載善
1763 アジア冷戦史　下斗米伸夫
1582 アジア政治を見る眼　岩崎育夫
1596 ベトナム戦争　松岡　完
1705 ベトナム症候群　松岡　完
412 「南進」の系譜　矢野　暢
1429 インド現代史　賀来弓月
1744 イラク建国　阿部重夫
941 イスラエルとパレスチナ　立山良司
1612 イスラム過激原理主義　藤原和彦
1664 1665 アメリカの20世紀（上下）　有賀夏紀
1272 アメリカ海兵隊　野中郁次郎
1486 米国初代国防長官フォレスタル　村田晃嗣
1309 戦略家ニクソン　田久保忠衛

中公新書

地域・文化・紀行

t1

- 285 日本人と日本文化 司馬遼太郎 ドナルド・キーン
- 605 絵巻物に見る日本庶民生活誌 宮本常一
- 201 照葉樹林文化 上山春平編
- 1338 ハタケと日本人 木村茂光
- 299 日本の憑きもの 吉田禎吾
- 1815 〈鬼子《グイツ》〉たちの肖像 武田雅哉
- 1791 明治の音 内藤高
- 1387 銀座物語 野口孝一
- 1466 瀬戸内海の発見 西田正憲
- 799 沖縄の歴史と文化 外間守善
- 109 鵜飼 可児弘明
- 1742 ひとり旅は楽し 池内紀
- 1592 登山の誕生 小泉武栄
- 1777 屋根の日本史 原田多加司
- 1810 日本の庭園 進士五十八
- 1786 アール・デコの建築 吉田鋼市
- 1724 現代建築の冒険 越後島研一
- 162 遠くて近い国トルコ 大島直政
- 1009 トルコのもう一つの顔 小島剛一
- 1408 イスタンブールを愛した人々 松谷浩尚
- 1684 イスタンブールの大聖堂 浅野和生
- 246 マグレブ紀行 川田順造
- 1609 ナポリの肖像 澤井繁男
- 1614 シエナ―夢見るゴシック都市 池上俊一
- 1848 ブリュージュ 河原温
- 1624 フランス三昧 篠沢秀夫
- 1634 フランス歳時記 鹿島茂
- 719 豊かなイギリス人 黒岩徹
- 1589 階級にとりつかれた人びと 新井潤美
- 1637 イギリス式結婚狂騒曲 岩田託子
- 1670 ドイツ 町から町へ 池内紀
- 1494 魔女幻想 度会好一
- 1561 吸血鬼伝承 平賀英一郎
- 1832 サンクト・ペテルブルグ 小町文雄
- 1368 アジア系アメリカ人 村上由見子
- 1435 ワスプ（WASP） 越智道雄
- 1535 アンデスの黄金 大貫良夫
- 1857 現代アメリカのキーワード 矢口祐人 吉原真理